『日本国紀』をファクトチェック

史実をどう歪めているか

家長　知史
本庄　　豊
平井美津子

日本機関紙出版センター

はじめに

2018年12月、百田尚樹著『日本国紀』（幻冬舎　2018年）が書店で大々的に平積みされていたころ、日本機関紙出版センターの丸尾忠義さんから平井美津子・本庄豊そして私の3人に突然のメールが届きました。『日本国紀』に関わって本を書きませんか、という打診でした。「といわれても、『日本国紀』を読んでないしなあ」と思っているうちに、丸尾さんから『日本国紀』（第2刷）が送られてきました。「ともかく読んでみるか」と一通り読んでみたら、本が付箋だらけになってしまいました。「とりあえずお互いの感想を出し合おうか」とクリスマスイブに、丸尾さんもふくめて4人が顔を合わせて語り合ううちに、それはいつしか編集会議になっていきました。

といういきさつで、本書は平井・本庄・家長の3人が分担して執筆しています。本書では、この3人が三様の問題意識をもって各自が設定した、あるいは選んだテーマを、各自の持ち味を生かした書き方をしています。とはいえ、本書はたんに各自がばらばらに書いたものを持ち寄って、それを1冊の本にまとめたものではありません。では、本書の中心には何があるのでしょうか。それは私たちの経歴に関わります。

執筆者の3人は全員学校の教員の経歴を持っています。平井は公立中学、本庄は私立中高で今も現役の教員として教壇に立っていますし、私は35年間、公立高校に勤めていました。いずれも社会科教諭（あるいは地歴科・公民科教諭）で、大学で社会科教育法などの教職科目を担当する講師でもあります（ありました）。また、3人とも歴史教育者協議会（略称：歴教協）という研究組織のメンバーで、ともに科学的な歴史学にもとづく歴史教育、社会科教育の実践と研究を重ねてきました。

そのような共通基盤を持った3人が『日本国紀』を読み、分析するわけですから、その基本姿勢は、何より歴史を史実にもとづいてとらえることでした。それが本書のタイトル『『日本国紀』をファクトチェック』に反映されています。「ファクトチェック」という言葉は、最近よく使われるようになりましたが、ファクト（事実）をチェック（照合、検査）する、すなわち真偽を検証するという意味です。私たちは長年学校現場で、実際に歴史教育に携わってきた者として、本書で『日本国紀』の記述の真偽を検証しています。

百田氏は『日本国紀』を「日本の通史」としながらも、その叙述が神話にもとづくものであったり、根拠を示さずに自らの思いだけで持論を述べたりしています。百田氏が『日本国紀』を書いた動機は、「誰もが日本が好きになる、日本人であることを誇りに思う、日本に生まれてよかったと感じてもらえる」（『Hanada』2019年1月号）ことのようですが、歴史を学んでそうした思いが得られるかどうかは、現実の事実、史実がどうであるかによります。仮にも、日本人としての誇りを得るために「史実」が創り出されたり、史実が歪《ゆが》められたり、否定されてはいけないのです。

ということで、私たちは各自の執筆において、まず百田氏の『日本国紀』の叙述から必要な部分を引用し、そのページを示しています。その上で、その内容に関わる歴史書や史資料、証言などを対置して史実を検証する姿勢をとっています。事実をもって歴史を語らしめ、史実を確かめようとするわけです。本書にはさまざまな史資料や歴史書、歴史教科書や歴史教育書からの引用がありますが、わかりやすく交通整理し、紹介していますので、構えずにお読みいただければ幸いです。

ところで、お断りしなければならないことが二つあります。

一つは、本書は百田氏の『日本国紀』のすべてを論じたものではありません。読んだ後の付箋があまりにも多く、限られた時間のなかで私たちにできる形で本書の構成を考え、執筆をしました。どうか、ご自分の興味のあるところからお読みください。

もう一つは、百田氏と出版元の幻冬舎側の姿勢に発する問題です。新聞報道によると、『日本国紀』は2019年3月段階で65万部を発行したが、初版と6刷とを比べると、誤植を除き、少なくとも16カ所で文章を修正し、しかも増刷時に告知なく、修正や追記がなされたとのことです（2019年5月22日付　朝日新聞）。著者自身も出版社も「日本通史」と銘打ち、宣伝しながら、読者に告知もお詫びもしないまま16カ所も修正や追記をしていたとは驚きを禁じえません。同じタイトルの本でありながら、初版と6版で16カ所も内容が異なっているのでは、すでに別の本になっているといってもいいのではないでしょうか。ここには著者と出版社の、読者に対する誠意という問題があり、今後の姿勢が問われます。こういう状況のなか、本書は第2刷の『日本国紀』を対象として執筆していることをお断りしておきます。

2019年6月

共著者を代表して　家長　知史

もくじ　『日本国紀』をファクトチェック―史実をどう歪めているか―

第1章　歴史を学ぶということ

家長　知史

(1) 歴史と物語は同じではない

ヒストリーとストーリー

英語でヒストリー(history)は歴史、ストーリー(story)は物語や小説を意味しますが、百田尚樹氏は『日本国紀』の冒頭、「序にかえて」の最後で次のように述べています。

「ヒストリーという言葉はストーリーと同じ語源とされています。つまり歴史とは『物語』なのです。本書は日本人の物語、いや私たち自身の壮大な物語なのです。」(3ページ)

手もとにある『新英和中辞典 第三版』(研究社)でhistoryを引いてみると、次のようにあります。

「1. 歴史 2. a) 経歴 b) 話、物語」

同様にstoryを引いてみると、次のようにあります。

「1. 物語 2. 歴史 3. a) 小説 b) 話、うわさ話」

なるほど、英語のヒストリーとストーリーは、ともに共通する意味が含まれる言葉であることがわかります。では、日本語の歴史と物語は同じ意味を持つ言葉なのでしょうか。

まず、歴史にはどういう意味があるでしょうか。

「人類社会の過去における変遷・興亡のありさま。また、その記録」(『広辞苑 第四版』岩

波書店）

「人類が生み出してきた社会・国家・文明などの変遷・興亡の経過。また、それを一定の体系をもって書き表した叙述・記録」（『日本語大辞典』講談社）

また、物語にはどういう意味があるでしょうか。

「作者の見聞または想像を基礎とし、人物・事件について叙述した散文の文学作品」（『広辞苑　第四版』岩波書店）

「語り伝えられた話。日本の散文文学の一つ」（『日本語大辞典』講談社）

言いかえれば歴史とは、人類の歩みのなかで、先人が実際に起こしたできごとや生み出した文化などを対象として記録、叙述したものといえるでしょう。また物語とは、作者の見聞きしたことや想像によって書かれた詩歌、小説、随筆などの文学作品といえるでしょう。

歴史も物語も、ともに私たち人間が生み出したものには違いありませんが、だからといってそれらを今日、すべて同じものとして受けとめることはできません。歴史は実際にあったことにもとづいて書かれたものであり、物語は作者の想像にもとづいて書かれたものであるからです。とはいえ、日本の歴史を振り返った時、歴史と物語が同じものとして扱われたことがありました。

『古事記』の神話と伝承

712年、神話・伝承・物語・歌謡を集めて『古事記』が完成されました。8年後の

720年には編年体の歴史書『日本書紀』が完成されました（『古事記』と『日本書紀』を合わせて『記紀』と呼びます）。以下に『古事記』の内容を少し紹介しましょう。

「712年、『古事記』が編纂された。それまで口伝えにとなえられてきたこの国と天皇家の歴史と神話が、はじめて記録されたのである。…（中略）…日本の神話は、イザナギ・イザナミの夫婦の神が、日本の国土である大八島（おおやしま）を生むところから始まっている。そして、彼らの娘のアマテラスが天上を支配し、アマテラスの子孫が地上に降りて日本の支配者になっていったことが書かれている。天皇家は、その子孫として、日本を支配する正統性があることを示している。

天皇家の初代とされる神武天皇は、南九州を船で出て、吉備で勢力を蓄えたあと、ヤマトに入って王となったと書かれている。この「神武東征」の記述は、天皇家に伝えられた伝承をもとに書かれたものと推察される。

また、日本の神話は、世界的にみると、天孫降臨のような北方系の話や海幸山幸のような南方系の話など、さまざまな要素が混在しており、日本文化の多重性を示すものでもある。」

「『古事記』は国生みの神代の時代から始まり、天孫降臨後、初代天皇とされる神武が日向からヤマトに入って建国する話に進み、その後推古天皇までの統治が語られる。しかし、実在が確実とされるのは10代目崇神天皇以降で、それ以前の神武の東征はもちろん、12代景行天皇の子、倭建命の遠征も、史実というよりは伝承とする説が有力である。」（武光誠ほか監修『地

『地図・年表・図解でみる日本の歴史（上）』（武光誠ほか監修、小学館、2012年）

図・年表・図解でみる日本の歴史　上』小学館2012年）

このように『古事記』では、神話や伝承の物語に基づいて天皇家を中心とする歴史が記されました。こうした天皇家を中心とし、神話を前提にその支配者としての正統性を強調する歴史の見方、歴史観（皇国史観）は、それからずっと後の１８６８（明治元）年以降、どのように現れるでしょうか。

皇国史観による忠君愛国教育

１８９０（明治23）年、明治天皇の名前で「教育ニ関スル勅語」（いわゆる教育勅語）が公布されました。その内容のポイントになる部分を以下に紹介しましょう。

「教育勅語は全文３１５字。…前段では皇室の祖先が昔から徳をもって国を治め、臣民が変ることのない忠誠心でそれにこたえてきた。…中段では「父母ニ孝ニ、兄弟ニ友ニ」…14の徳目を連ね、それらを「一旦緩急アレハ義勇公ニ奉ジモッテ天壌無窮ノ皇運ヲ扶翼スヘシ（もし国に事変が起こったら勇気を奮って国に尽くし、天地とともに永遠に続く、天皇の地位が栄える

『Q&A　知っておきたい天皇のいま・むかし』（歴史教育者協議会編、学習の友社、2007年）

ことを助けなさい）で結んでいます。…教育勅語の核心は、中段の徳目の結び「一旦緩急アレハ…皇運を扶翼スヘシ」（天皇のために命をかけて戦いなさい）」というところにあったのです。」（歴史教育者協議会編『Q&A知っておきたい天皇のいま・むかし』学習の友社　2007年）

こうした皇国史観による忠君愛国教育は、日本が戦争に突き進んでいくなか、とくに百田氏が好んで使う表現で言えば「大東亜戦争」、すなわちアジア太平洋戦争の時代（1941～45年）、学校教育の場で子どもたちに対してあからさまな形で実施されていきました。当時の「修身」（2年生用）の教科書を見てみましょう。

「日本　ヨイ　國、
キヨイ　國。
世界ニ　一ツノ
神ノ　國。

『修身2年生用　ヨイコドモ　下』（文部省、1941年）

日本　ヨイ　國、
強イ　國。
世界ニ　カガヤク
エライ　國」
（『ヨイコドモ下』1941年）

このように神話や伝承の物語が歴史と直結、歴史そのものとされました。それが国家による思想教育、統制に利用されていくと、国民は子どものころからゆがんだ歴史像、歴史観、国家観を植えつけられていくことになりました。こうして日本は「天皇を現御神（あきつみかみ）と仰ぎたてまつる」（『初等科修身　三』1941年）「世界に一つの神の国」で、「世界に輝く偉い国」と思わされてきた日本国民でしたが、敗戦の翌年、1946年1月1日、国民は以下の「新日本建設に関する詔書」（いわゆる「人間宣言」）にふれることになります。

「天皇を以て現御神とし、且つ日本国民を以て他の民族に優越せる民族にして、延（ひい）て世界を支配すべき運命を有すとの架空なる観念に基づくものに非ず」

つまり、天皇が神であることも、日本国民が他の民族に優越し、世界を支配する運命を持つ考えも架空のことだと、日本国民は天皇自身に言われてしまうのです。

歴史は事実にもとづくこと

　以上、いくつかの資料をあげて述べてきましたが、神話や伝承にもとづく歴史観は明治時代以降、時の為政者によって忠君愛国教育という形をとって、国家統治や戦争（動員、遂行）に利用されてきました。今日、私たちはその反省の上に立って、歴史と向き合わなければなりません。その時、私たちが大前提にすべきことは何でしょうか。それは、戦前の「はじめから事実を無視した独善性によって特徴づけられていた」皇国史観とは異なり、「客観的な史実の解明とその学問的評価を通じて歴史像を形成してゆく歴史学の方法」によらなければならないことではないでしょうか（引用はともに永原慶二『皇国史観』岩波ブックレット20　１９８３年）。

　残念ながらこのことは、今なお強調しなければなりません。例えば、２０１９年の4月から5月にかけての天皇の退位と即位、改元が頻繁に報じられるなか、ＮＨＫは同年4月18日、当時の天皇と皇后が伊勢神宮に参拝したことを報じた際、当日のニュースで「皇室の祖先の『天照大神』をまつる伊勢神宮の内宮」と説明しました。これについて毎日新聞は以下のように報じました。

『皇国史観』（永原慶二、岩波ブックレット、1983年）

　「ＮＨＫはミスであることを認め、『内宮についての説明で一部、丁寧さを欠いていた。天皇を神格化しようといった特別の意図があったわけではない』と釈明した。

この問題を巡っては放送後、インターネット上などで、神話と史実を混同させる表現だとして批判や疑問の声が視聴者から上がっていた。ＮＨＫは批判を受け、ニュースサイトに掲載していた原稿を「皇室の祖先とされる『天照大神』」と修正し、訂正放送などはしていないという。」（２０１９年５月９日配信）

このように、今日においても天皇や皇室が神と結びつけられて報じられることがあります。そのような際、報じる側が神話と史実を混同した表現をしないのはもちろんですが、視聴者の側も今回のように報道を敏感に受けとめ、反応できる力が必要なのです。

(2) 通史か歴史放言集か

通史とは

『日本国紀』の帯（出版社の幻冬舎が付けている）には、「日本通史の決定版！」とあります。また、百田氏自身も編集者の有本香氏との対談のなかで『日本国紀』について次のように語っています。

「歪んだ歴史ではなく、子供たちを含め、読んだ人、誰もが日本が好きになる、日本人であることを誇りに思う、日本に生まれてよかったと感じてもらえる日本通史を書こうと思いました。」（百田尚樹×有本香「『日本国紀』を語り尽くす」『Hanada』2019年1月号83ページ）

そして『日本国紀』自体のなかでも氏は「本書は日本の通史である」（230ページ）と書いています。つまり、『日本国紀』は出版社も著者も日本通史として世に問うています。

では、そもそも通史とは何でしょうか。通史というのは歴史記述のあり方の一つですが、『日本国紀』の場合は日本史全体を通観して記述したもの、ということになります。私は（1）歴史と物語は同じではないで、歴史と物語を一体化させてしまうことの危険性と、歴史を見つめるにあたっては事実にもとづかなければならないことを述べました。では、『日本国紀』はその点、どうなのでしょうか。通史という以上、事実に基づいた歴史の記述がなされているでしょうか。史実の検証ぬきに、物語が歴史の記述のなかに入り込んでいることはないでしょうか。

「神武東征」は史実か

ここで（1）でもふれた「神武東征」について、百田氏がどのように記述しているか見てみましょう。

「後に初代天皇となる神武天皇は九州から瀬戸内を通り、大阪平野に入ろうとするが、長髄《ながすね》彦《ひこ》と戦って敗れる。そこで神武天皇は大阪を大きく迂回し、和歌山の熊野から大和平野に入り、その地で力を蓄え、改めて長髄彦と戦って破った、と記紀に書かれている。これは神話であって事実ではないと捉える学者も少なくないが、作り話にしては、妙にリアリティがある。わざわざ負けた話を創作するのも不自然である。また、熊野は大和朝廷にとって神聖な地である。こういったことから、「神武東征」は真実であったと私は考えている。

ただし神武天皇が邪馬台国の末裔かどうかはわからない。前述のように、記紀に卑弥呼に関する記述がまったくないからだ。『魏志』「倭人伝」には、邪馬台国は狗奴《くな》国と戦っているという記述があるが、私は、その後、狗奴国が邪馬台国を滅ぼしたのではないかと見ている。神武天皇は邪馬台国を滅ぼした狗奴国の流れを汲む一族の出身ではないだろうか。もっともこれを証明する文献も考古学的資料も存在はしていない。」（19～20ページ）

続いて百田氏は「私が神武東征を事実と考える根拠の一つが銅鐸である」として、遺跡から発掘された銅鐸の状況の違いについて指摘しています。すなわち、中国地方で発掘された銅鐸は丁寧に埋められており、無傷であることが非常に多く、一方、大和平野の遺跡で発掘された銅鐸は壊された形で見つかるものが多いというわけです。この銅鐸の状況の違いと神武東征を結びつけて百田氏は次のように述べています。

「もし神武天皇に率いられた一族が銅鐸文化を持たない人々であり、大和平野に住んでいた一族が銅鐸文化を持つ人々であったとしたら、どうだろう。神武天皇の一族が銅鐸を破壊したとしても不思議ではない。そして後に大和朝廷がじわじわと勢力を広げ、中国地方の銅鐸文化圏の国々を支配していく中で、被征服民たちが銅鐸を破壊されることを恐れてこっそり埋めたとは考えられないだろうか。

もちろん、そうしたことをはっきりと記した史書はない。しかし中国地方から出土する銅鐸が丁寧に埋められ、奈良で出土する銅鐸の多くが破壊されているという事実、そして記紀の中の「神武東征」から、そう類推されるのである。」（21ページ）

これらの記述を読んで、私は百田氏の小説家としての、記紀の物語（神話）と発掘された銅鐸の状況の違い（事実）を小説的に結びつける発想力、想像力に驚きました。そしてこれらが歴史小説のネタを披露する文章、あるいは歴史エッセイとして書かれていたなら、それとしておもしろく受けとめることもできたでしょう。

根拠なき「神武東征」論

しかし、百田氏はこの自説を「証明する文献も考古学的資料も存在はしていない」ことを自ら認めつつ、通史として書いた本のなかで述べているのです。このようなことで、事実にもとづく歴史書、通史書は成立しません（戦前なら成立していたとしても）。書き手がそれぞれの歴史観をもって自らの分析に基づき、考えを述べたり、様々な提起をすることは歴史学の深化、発展にとても大切で、必要なことだと思います。しかしその前提として、事実として受けとめることができる根拠が要ります。しかし、「作り話としては、妙にリアリティがある」、「わざわざ負けた話を創作するのも不自然」、「熊野は大和朝廷にとって神聖な地である」、だから「神武東征」は真実であったと考えるのは、史実の根拠にはなりません。そこには自らの印象に強く寄りかかって判断する姿勢と論理の飛躍があります。21ページの引用文では、「もし」と「たら」が判断の前提になっています。これでは、（１）でもふれた「客観的な史実の解明とその学問的評価を通じて歴史像を形成してゆく」（永原氏）ことにはならないでしょう。

神武天皇の存在自体の歴史的矛盾

そもそも神武天皇の存在自体が歴史的に考えておかしいのです。神武天皇について基本的なことを確認しておきましょう。

「古代の天皇のことは8世紀の『古事記』『日本書紀』に書かれています。それによると、初代天皇とされる神武天皇が、紀元前６６０年に即位（天皇の位につく）したことになります。しかし、これは歴史学的には事実と認められません。

古墳をつくった大王（おおきみ）や有力豪族をおさえて権力をにぎったのが天皇です。古墳時代は3世紀後半～7世紀。ですから、歴史上に天皇があらわれるのは7世紀です。

それよりはるか昔の紀元前６６０年は、縄文時代。天皇が実在するはずはありません。神武天皇は神話上の人物なのです。」（歴史教育者協議会編『これならわかる天皇の歴史Q＆A』

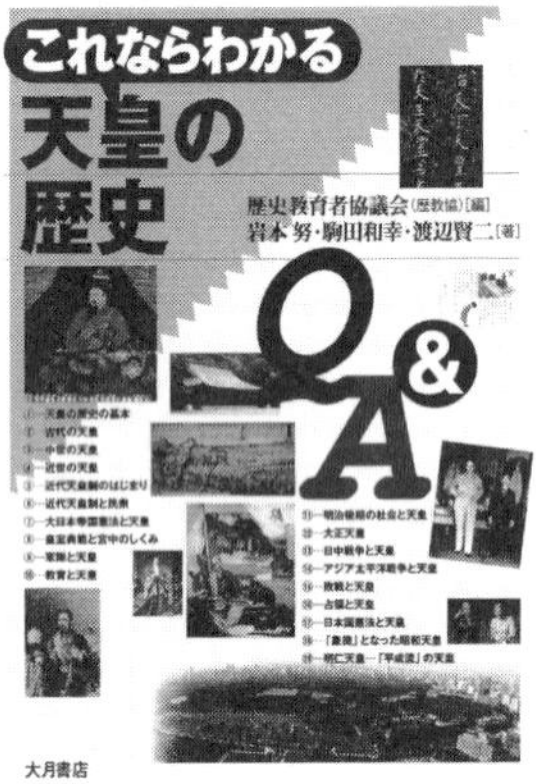

『これならわかる天皇の歴史Q&A』（歴史教育者協議会編、大月書店、2018年）

大月書店　2018年）

近年では弥生時代の開始を500年あまり早める説が有力になっており、それにもとづくと、上記引用の「紀元前660年は、縄文時代」は弥生時代前期となりますが、時代区分がいずれにせよ、紀元前660年では天皇はもちろん、大王と呼ばれる大和政権の首長すらまだ存在していないのです。また、百田氏は「私が神武東征を事実と考える根拠の一つが銅鐸である」として、銅鐸からの「類推」を力を込めて述べていますが、その「類推」も次の記述から破たんしています。

「弥生時代中期の紀元前30年ごろから、鉄器や青銅器が中国・江南から朝鮮半島を経て大量に日本に伝えられた。」（武光誠ほか前掲書）

「もし」、「たら」の後、百田氏は「神武天皇の一族が銅鐸を破壊しても不思議ではない」と述べていますが、これはどうみても「不思議」であり、成り立たないのです。なぜなら、神武天皇がいたとされる紀元前660年には、まだ日本には鉄器も青銅器も伝わっておらず、銅鐸を破壊しようがないのですから。

空想と願望と決めつけの歴史放言集

確かに『日本国紀』は、歴史上実在した人物や事件などをあげながら、古代から現代まで時代の流れをたどっています。そういう点では、通史の体裁をとった日本史に関する本ということはできるでしょう。しかしそのなかでは、この（２）で見てきたように（また、この後でも見ていくように）、事実の確認のできない物語や想像が堂々と述べられています。

ということで、私は『日本国紀』は日本の通史ではなく、神話などを歴史として取り込み、著者自身の空想と願望、そして決めつけが多分に含まれた歴史放言集だと受けとめています。

（３）歴史を学ぶ意味

百田氏は「歴史を学ぶ理由」をどう考えているか　～「悲劇を避ける術」を学ぶ～

（２）通史とは、でもふれたように、百田氏自身は『日本国紀』を「日本の通史」として書いています。では、そこでの氏の歴史に対する姿勢はどのようなものでしょうか。まずは氏が「歴史を学ぶ理由」をどのように考えているかを見てみましょう。

「第二次世界大戦への流れを眺める時、・・・日本が戦争への道を進まずに済む方法はなかったのか――。

私たちが歴史を学ぶ理由は実はここにある。特に近現代史を見る時には、その視点が不可欠である。歴史を事実を知るだけの学問と捉えるなら、それを学ぶ意味はない。

「愚者は経験に学び、賢者は歴史に学ぶ」

これはドイツの名宰相オットー・フォン・ビスマルクの言葉である。もっともこれは原文をかなり意訳したもので、正確に訳すと次のような文章になる。

「愚かな者は自分の経験から学ぶと信じているばかりだ。私は最初から自分の過ちを避けるために、他人の経験から学ぶことを好む」

私たちもまた先人の経験から、悲劇を避ける術を学ばなくてはならない。」（374ページ）

これを読むと氏が、日本が第二次世界大戦への道を進んだことを「悲劇」と捉え、こうした「先人の経験」に学び、「悲劇を避ける術を学ばなくてはならない」ことを重視し、そこに歴史を学ぶ理由を見出していると受けとめられます。しかし、氏は第二次世界大戦を悲劇と捉えても、戦争全般、戦争という行為自体を何としてでも「避ける術を学ばなくてはならない」と考えているかは疑問です。第二次世界大戦後の戦争と平和について、氏はどのように考えているのでしょうか。

「戦後の日本人を蝕んだ「自虐思想」に付随して生まれ、浸透したのが日本独特の「平和主義」である。これは、「平和」を目的とするものではなく、極端な反戦思想と言い換えた方がいいかもしれない。…昭和四〇年代から平成半ばまでは、自衛隊を蔑み、嫌悪する考えも非常に強かった。戦後、日本人は、平和には戦いや犠牲がつきものであることや、時には力をもって、平和を勝ち取り維持しなければならないという「常識」を捨て去ってしまったのだ。」（４８３ページ）

「戦争のない世界は理想である。私たちはそれを目指していかなければならない。しかし残念なことに、口で「平和」を唱えるだけでは戦争は止められない。世界と日本に必要なのは、戦争を起こさせない「力」（抑止力）である。」（５０２ページ）

「日本にとって憲法改正と防衛力の増強は急務である。」（５０４ページ）

百田氏は「先人の経験から、悲劇を避ける術を」学ぶため、という「歴史を学ぶ理由」を述べていますが、これらの論述を読むと結局のところ、「平和には戦いや犠牲がつきもの」として「憲法の改正と防衛力の増強」を訴え、その「悲劇を避ける術」は戦争自体を避ける、否定するものにはなっていません。氏は「戦争を起こさせない「力」(抑止力)」という表現を使っていますが、要はいざとなったら、対立する国（々）といつでも戦争できる国家の体制を整え、大きな戦力を持つことを求めています。そのために「憲法の改正と防衛力の増強」を求めています。これが「歴史に学ぶ」「悲劇を避ける術」なのでしょうか。

私はこれを読んだ時、19世紀末から20世紀初めのヨーロッパ列強の国際対立と１９１４年の第一次世界大戦の勃発がイメージされました。帝国主義時代の列強同士の国益の対立のなか、列強間の軍事同盟化が進み、遂には三国同盟と三国協商の衝突となって第一次世界大戦（１９１４〜18年）に至る時代です。この間、列強間では敵対国を圧倒する武力を持つべく、互いに軍事力の増強を進めていきました。例えば、イギリス・ドイツ間の際限のない海軍拡大競争は、建艦競争として有名です。また、機関銃などの武器の殺傷能力の向上、新兵器の開発、改良（潜水艦、戦車、毒ガス、航空機など）も進展しました。こうして増強された軍事力を駆使して、ヨーロッパ列強は「祖国防衛戦争」の名のもとに戦い合いました。この戦争には日本、オスマン帝国、アメリカも参戦し、各列強の植民地や従属地域も巻き込む世界戦争になっていきました。百田氏の「憲法の改正と防衛力の増強」の提起は、実態として第一次世界大戦前の列強の祖国防衛を建前に、軍事力を増強する姿勢と基本的に変わらないと思います。これでは「歴史に学ぶ」のではなく、歴史をくり返しているのではないでしょうか。

伊藤隆東大名誉教授の歴史と歴史教科書への思い

ここで直接には百田氏の『日本国紀』から離れますが、後にふれる百田氏の論述にも関わるテレビ番組の内容を一部紹介したいと思います。

番組は「映像'17　教育と愛国〜教科書でいま何が起きているのか〜」（毎日放送制作

２０１７年7月31日放送　第55回ギャラクシー賞　テレビ部門大賞作品　以下、「教育と愛国」と表記）です。なお、この番組はその後、『教育と愛国　誰が教室を窒息させるのか』というタイトルで書籍化されています（斉加尚代、毎日放送映像取材班　岩波書店　２０１９年）が、ここではテレビ放映時の内容のまま紹介します。番組では「道徳」の教科書の記述をめぐる問題とともに、とくに中学校の歴史の教科書について、その内容と採択の状況や反響、政治と教育内容の関わりについて具体的に紹介しています。番組のなかで、育鵬社の歴史教科書の代表執筆者の伊藤隆東大名誉教授は、次のように従来の教科書を批判しています。

「僕ら「自虐史観」と言ってるんですけどね、日本人としての誇りを持てないような記述ですよ。僕は愛国教育をやれとかですね、そういうことをやれと言ってるわけじゃなくて、左翼史観におおわれているような歴史を教えるんじゃなくてですね、ありのままの日本を教えた方がいい、そうでなければ困ると」

『教育と愛国』（斉加尚代・毎日放送映像取材班、岩波書店、2019年）

続いて質問者（Q）と伊藤氏の回答（A）のやり取りが次のように紹介されます。

Q「歴史教育に先生が一番に求められるもの

というのは何でしょうか？」
A「イデオロギーに惑わされない、ありのままの日本の姿を、歴史的にですよ、日本の姿を…。僕は歴史学者だし、後世に伝えていくことだし、それは国民に教育されることだと思ってます」
Q「歴史から何を学ぶべきなのでしょうか？」
A「学ぶ必要はないんです。…」
Q「それはかみ砕いて言っていただくと？」
A「学ぶって、何を学ぶんですか？　あなたのおっしゃってる学ぶ…」
Q「例えば、日本が戦争になぜ負けたかとか？」
A「それは弱かったからでしょう」
Q「育鵬社の教科書がめざすものは何になるのでしょうか？」
A「やっぱり、ちゃんとした日本人をつくるということでしょうね」
Q「ちゃんとした、というのは？」
A「左翼ではない…やっぱり昔からの伝統をずーっと引き継いできた日本人、それを後に引き継いでいく日本人…今の反政府のかなりの部分は左翼だと思いますけども、反日と言ってもいいかも知れませんね」

テレビの音声を拾いながら、何度も確かめながら紹介していますが、それでも私は自分の耳を疑いました。歴史学者で、歴史教科書の代表執筆者を務める人が、テレビ番組の取材で「歴史から何を学ぶべきなのでしょうか？」と問われて、よもや「学ぶ必要はないんです」と回答されるとは思いませんでした。もちろん、伊藤氏は冗談を言われたわけではありません。仮に、何らかの含みを持ってこう回答されたのだとしても、視聴者にその真意は伝わりにくかったことでしょう。歴史学者はもちろん、歴史を学ぶ者であれば、何らかの史実にふれ、その史実を理解していくなかで、その歴史上の意味を考えないはずはないでしょう。たとえば、前項で百田氏がビスマルクの言葉を引用して、「歴史を学ぶ理由」を「先人の経験から、悲劇を避ける術を学ばなくてはならない」としているように。

百田氏と保守的な歴史教科書の歴史に向き合う姿勢

ここで再び、百田氏の『日本国紀』に戻りたいと思います。百田氏はこの本のなかで、日本の国、あるいは天皇や日本人のことを次のように述べています。たくさんあるので、第一章までにしぼっていくつかあげると、次のような記述があります。

「日本ほど素晴らしい歴史を持っている国はありません。…神話とともに成立し、以来二千年近く、一つの国が続いた例は世界のどこにもありません。」（２ページ）

「我が国、日本は神話の中の天孫の子孫が万世一系で二十一世紀の現代まで続いているとされている。こんな国は世界のどこにもない。」（８ページ）

「日本における「天皇」の不思議な力を見る思いがする。いわゆる権力とは別次元の存在と

して、日本の歴史に常に見えない力を及ぼし続ける。それが天皇なのだ。」（32〜33ページ）

「日本では開闢以来、一度たりとも男系ではない天皇は即位していない。…日本には過去八人（十代）の女性の天皇がいたが、全員が男系である。つまり父親が天皇である。…千三百年以上にわたって男系は一度も途切れることなく継承されている。日本はこの万世一系の皇統により、「世界最古の王朝」であると、世界の国々から畏敬と驚異をもって見られている。」（33〜34ページ）

間を飛ばして、終章の平成の「未来の子供たちへ」の2ページ（486〜7ページ）にしぼっても、次のような記述があります。


「日本は神話とともに誕生した国であり、万世一系の天皇を中心に成長した国であった。」

「日本人ほど平和を愛した民族はない。日本の歴史には、大虐殺もなければ、宗教による悲惨な争いもない。人々は四方を海に囲まれた島国の中で肩を寄せ合い、穏やかに暮らしていた。」

「日本が敗れた後、アジアの諸国民は立ち上がり、欧米と戦って次々と独立を勝ち取った。その波はアフリカや南米にも及び、世界四大陸で多くの新しい国が産声を上げた。まさに日本という国が世界を覚醒させたのだ。」

「百年前…当時、絶対強者だった欧米列強に向けて、初めて「人種差別撤廃」を訴えたのは、私たちの父祖である。日本が世界のモラルを変えたのだ。」

これだけかいつまんで紹介しただけでも、百田氏の「読んだ人、誰もが日本が好きになる、日本人であることを誇りに思う、日本に生まれてよかったと感じてもらえる」ものにしようとする意気込みが感じられます。

それにしても、氏の日本の歴史に向き合う時の神話、天皇、万世一系の皇統といった言葉の多さには驚きます。それだけ氏が天皇の存在に思い入れを持ち、そのことを重視して歴史を見ているということなのでしょう。何に思いをもって歴史を見るかは各人の自由ですが、問題はそれを歴史書として叙述する際には、それが事実にもとづいているかということです。

さて、前項で紹介したテレビ番組の「教育と愛国」では、保守色の強い2冊の歴史教科書が紹介されます。以下、この番組のナレーションを確認するなかで、これらの特色を見てみましょう。

『『つくる会』の自由社の教科書は、日本国の始まりを神話を紐解きながら大きく扱うのが特徴の一つです。神話のなかで初代天皇とされる神武天皇が登場するまでの神々の系図を詳しく載せています。一方、日中戦争で一般住民に多くの犠牲者を出した南京事件について、8冊中この1冊だけが全くふれていません。」

「もう一方の育鵬社の歴史、こちらも国の誕生の歴史をクローズアップし、伊勢神宮や出雲大社など神道の歴史を詳細に記述しています。また、教育勅語については、国民の道徳の基盤になったと肯定的にとらえ、戦後廃止されたと否定的に記述する他社とは明らかに違っています。」

このように百田氏の『日本国紀』、自由社の歴史教科書、育鵬社の歴史教科書の特色を並べてみると、いずれも歴史に対して神話色、天皇色を強く押し出し、また日本の正当性を強調する（逆にマイナスイメージになることはふれない）姿勢を持っていることがよくわかります。加えて言えば、百田氏は戦前から戦後にかけての日本人の心のあり様について、次のように断定しています。

「敗れた日本が取り戻せなかったものがある。それは「愛国心」と「誇り」だ。これらは戦後、GHQに木端微塵にされ、占領軍が去った後は、彼らの洗脳を受け傀儡となったマスメディアや学者たちによって踏みつぶされ続けた。」（444ページ）

繰り返しになりますが、各人、各社の歴史に向き合う姿勢はいろいろあっていいと思います。しかしそれを叙述する際には、史実にもとづくこと、自国の動きを多角的、国際的にみること、それらの上に立った冷静な判断(歴史的評価)をすることが何よりも大切と思います。「愛国心」や「誇り」を「取り戻」さんがために、歴史を自らの思い入れ過多、思い込みでとらえることは歴史を都合よく歪めることになり、厳に慎むべきことだと考えます。

歴史を学問的に学ぶ

この第１章の冒頭、（１）歴史と物語は同じではないで、歴史の言葉の意味を紹介しました。神を中心に建国の物語を描けば建国神話となるし、さまざまな伝説、昔話、童話などの説話も各時代、地域の歴史や人々の暮らし、思いを背景に生まれてきました。しかし、それらの空想の、あるいは虚実ないまぜの物語は歴史的な文化遺産であっても、歴史ではありません。歴史は事実に基づくものであり、説話や歴史小説、時代小説、歴史ファンタジーとは異なるものです。この歴史を追究していく学問が歴史学です。私たちが歴史を学ぶ際には、できるだけ歴史学の最新の学問的成果（新たな遺跡や史料の発見など）の上に立って学ぶことが大切です。ここで、日本学術会議の史学委員会が２０１４年９月９日にまとめた歴史学の定義などについて、以下に紹介しておきましょう。

「歴史学の定義

人類の長い歴史の中で生起した、様々な事象の意味を追究するのが歴史学である（略）

歴史学に固有の特性

歴史学は無限の過去の中から、自己にとって有意義と考えられる事象を自ら選択し、自らの価値観に従って、その意味を追究する営みである。したがって、歴史学的認識は主体的なものであり、認識者の主体性から切り離すことはできない。

しかし、同時に、歴史的認識は「科学的」でなければならない。主体的ということと、「主観的」・「恣意的」ということとは全く異なる。歴史的認識は厳密な実証的手続きによる「史実」の確定に基づかなければならず、また、事象と事象との間の関連性の把握において、論理的でなければならない。ただし、過去を実験によって追検証することは不可能であるから、歴史認識は自然科学（実験科学）的な意味で「科学的」であることはできない。」（「報告　大学教育の分野別質保証のための教育課程編成上の参照基準　歴史学分野」より）

私たちが歴史に向き合う上で大切にしたいこと　〜謙虚さと誠実さ〜

これまで歴史を学ぶ意味を考える上で、百田氏が歴史を学ぶ理由をどう考えているか、また伊藤隆氏が歴史と歴史教科書にどういう思いを持っているか、さらに百田氏らの歴史に向き合う姿勢がどのようなものかを見てきました。その上で私は、歴史を事実にもとづいて学問的に学ぶことの大切さを述べてきました。

さて、改めてですが、百田氏は「愛国心」や日本人としての「誇り」を切に「取り戻」したがっているようで、「読んだ人、誰もが日本が好きになる、日本人であることを誇りに思う、日本に生まれてよかったと感じてもらえる日本通史を書こう」と『日本国紀』を著しました。しかし私には、氏の歴史に対するこうした問題意識があふれ出し、「愛国心」や「誇り」自体が目的化したように受けとめられます。その結果、この本のなかでは神話がまことしやかに登場し、天皇や皇統が繰り返し強調されています。そして史実の取捨選択も、歴史的評価も自らの目的に沿って独断的になされています。その危うさは、（1）歴史と物語は同じではない、（2）通史か歴史放言集かで述べた通りです。

では、私たちは何を大切にして歴史と向き合えばいいのでしょうか。それを考える上で、大変参考になる有名な演説があります。それは１９８５年５月８日、当時の西ドイツ（ドイツ連邦共和国）の大統領ヴァイツゼッカーがドイツ連邦議会で行った演説です。この１９８５年５月８日はドイツの敗戦40周年にあたり、この演説はドイツ終戦40周年記念演説として行われたものです。演説の内容の紹介をする前に、前提として以下のことを知っておきたいと思います。

第二次世界大戦（１９３９～45年）において日本の同盟国であったドイツでは、ナチス（国家社会主義ドイツ労働者党）の党首ヒトラーが首相と大統領を兼ねた総統となって独裁体制をしいていました。ヒトラー、ナチスは大戦前から反ユダヤ政策をとり、ユダヤ人に対して全国的、組織的な迫害を行ってきました。ナチスは「ユダヤ人問題の最終的解決」（ユダヤ人を絶滅すること）をめざして各地に強制収容所を建設し、そこに大量のユダヤ人を送り込んで次々と虐殺していき、その数は低く見積もっても３８９万人に及びました（ティル・バスティアン著『アウシュヴィッツとアウシュヴィッツの嘘』白水社の資料による）。このナチスによるユダヤ人の大量虐殺をホロコーストといいます。

以下のヴァイツゼッカー―の演説は、ナチスドイツ時代のドイツ人のこうした行為をふまえたものになっています。その一部を紹介しましょう。

「五月八日は心に刻むための日であります。…そのためには真実を求めることが大いに必要とされます。…戦いが終わり、筆舌に尽くしがたい大虐殺の全貌が明らかになったとき、一切何も知らなかった、気配も感じなかった、と言い張った人はあまりにも多かったのであります。…人間の罪には、露見したものもあれば、隠しおおせたものもあります。告白した罪もあれば否認し通した罪もあります。充分に自覚してあの時代を生きてきた方がた、その人たちは今日、一人びとり自分がどう関わり合っていたかを静かに自問していただきたいのであります。今日の人口の大部分はあの当時子どもだったか、まだ生まれてもいませんでした。この人たちは自らは手を下してはいない行為について自らの罪を告白することはできません。…しかしながら先人は彼らに容易ならざる遺産を残したのであります。罪の有無、老幼いずれを問わず、われわれ全員が過去を引き受けなければなりません。だれもが過去からの帰結に関わり合っており、過去に対する責任を負わされております。…

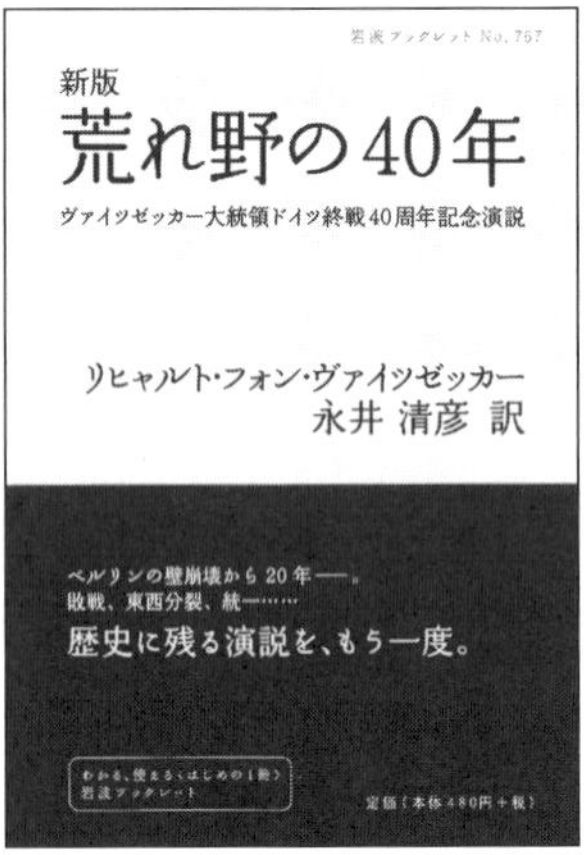

『新版　荒れ野の40年』（リヒャルト・フォン・ヴァイツゼッカー、永井清彦訳、岩波ブックレット、2009年）

問題は過去を克服すること（原注　ここでは大統領は「ケリをつける」「終りにしてしまう」の意味で使っている）ではありません。さようなことができるわけはありません。後になって過去を変えたり、起こらなかったことにするわけにはまいりません。しかし過去に目を閉ざす者は結局のところ現在にも盲目となります。

非人間的な行為を心に刻もうとしない者は、またそうした危険に陥りやすいのです。（以下略）」（リヒャルト・フォン・ヴァイツゼッカー　永井清彦訳『新版　荒れ野の40年　ヴァイツゼッカ一大統領ドイツ終戦40周年記念演説』岩波ブックレット767　2009年）

過去を顧みたとき、ドイツ人としては苦渋の思いを持っての演説であったと思われますが、ヴァイツゼッカーはドイツ国家を代表する公人として、ドイツ国民のみならず世界の人々に、私たちが歴史に向き合うとき何を大切にすべきかを教えてくれました。それは歴史に対する謙虚さ、誠実さです。一つは、現実に人が行ったこと、起こしたことを率直に事実として認める謙虚さです。その行為がどんなに自国の国民にとって不都合なこと、不名誉なこと、「誇り」を傷つけることであってもです。そしてもう一つは、そうした事実を国民みんなで共有し、歴史をくり返さないようにしようとする誠実さです。すなわち「過去に目を閉ざす者」が現れ、再び「現在にも盲目」とならないよう、「非人間的な行為を心に刻もう」とすることです。

私たちが歴史を学ぶ意味

この（３）歴史を学ぶ意味のしめくくりとして、先に紹介したテレビ番組「教育と愛国」における質問者の問い、「歴史から何を学ぶべきなのでしょうか？」をもう一度考えてみたいと思います。この質問は伊藤隆氏に発せられ、氏からは「学ぶ必要はないんです。」と回答されていました。この回答に何らかの含みがあるにせよ、ないにせよ、私にはこの歴史学者のいう（歴史から）「学ぶ必要はない」という意味がわかりませんでしたし、今もわかりません。そこで、同じ問いが私に発せられたら、私ならどう答えるだろうかと考えてみました。私はこの質問を「歴史を学ぶ意味は何か？」として受けとめ、以下に考えを述べたいと思います。

私たちはだれもが、人類の長い歩みのなかで築かれた人間社会のなかで生きています。私たち自身も歴史の流れのなかに存在し、その最先端に生きています。そして未来に向かって歩むなか、時々刻々と現在を過去として積み上げています。そんな歴史的存在である私たちがすでに過ぎ去った事象、歴史を学ぶ意味は何でしょうか。

〈人間を学ぶ〉

歴史の対象は宇宙もあれば、自然もあるでしょう。しかし本稿で対象とする歴史は、人間の営みです。いろんな時代、地域で、どんな人たちが生きてきたのか。彼らはどんな思いをもって、何をしてきたのか。そしてどんな社会を築いてきたのか。この膨大な人間の過去の事象から何を学んでいくにせよ、それは人間の営みであり、それを学ぶということは歴史の流れのなかで人間を学ぶということになります。

〈現在をよく知り、これからをよく考える〉

そして私たちは今、先人たちが積み上げてきたこの人間の営みの現在の到達点に生きています。しかしその「現在の到達点」は、改善や向上、発展という言葉で表すことができるものばかりではありません。依然として人間は戦争をしますし、「非人間的な行為」をすることもあります。そうした過去からの課題、負の歴史遺産は、現在に引き継がれています。歴史を学ぶとき、その直接の対象はすべて過去の事象ですが、その過去は様々な形で私たちが生きている現在、さらには将来の社会に影響を及ぼすという一例をあげておきましょう。

「現在」のパレスチナ問題（パレスチナをめぐるユダヤ人とアラブ人との対立問題）を考えるとき、「現在」だけ見ていても現状しかわかりません。問題の本質や解決に迫っていくためには、「過去」の歴史的背景から問題発生の直接の原因、紛争の経過などを学ぶ必要があります。具体的にいえば、古くは古代ユダヤ人の国家、民族的苦難、ユダヤ教の成立、ローマ帝国による支配、離散（ディアスポラ）、ヨーロッパにおけるユダヤ人差別と迫害などがありますし、比較的近いところでは、第一次世界大戦中のイギリスの外交問題（フサイン＝マクマホン協定、サイクス・ピコ協定、バルフォア宣言）、１９４８年のイスラエルの建国、パレスチナ戦争（中東戦争）、パレスチナ難民の発生などがあります。こうした過去の事象を学んでいくなかで、ユダヤ人やアラブ人が歴史的にどのような状況におかれ、対立し、それぞれがどのような思いを持っているかに迫る（問題を具体的に受けとめ、解決に向けての糸口を探る）ことができるのです。問題の解決は決して容易なことではありませんが、こうした一連の歴史をふまえることをぬきにしては、問題を改善することも解決することもできないでしょう。

このように歴史を学ぶことは、＋と－の過去の土台の上にある現在をよく知り、これから私たちがよりよい社会で生きていくためには何が必要なのかを考える意味があります。

〈社会の認識を深め、自らの価値観、生き方を育む〉

歴史を学ぶ際、漫然と、何となく学んでも、得るものは少ないでしょう。これを本当に意味あるものにするには、主体的にまた問題意識を持って学ぶとともに、私たち一人ひとりが歴史を見る目（視点）を持つことが大切だと思います。それはこれまでの人類の歩みのなかで、先人が長い時間をかけて、ときには多くの犠牲をはらって勝ち取ってきたさまざまな価値観といってもいいかもしれません。

例えば、日本国憲法の前文からそれを拾い出してみましょう。「諸国民との協和」、「自由のもたらす恵沢」、「政府の行為によって再び戦争の惨禍が起ることのないやうにする」、「主権が国民に存する」、「平和を愛する諸国民の公正と信義に信頼して、われらの安全と生存を保持しよう」、「平和を維持し、専制と隷従、圧迫と偏狭を地上から永遠に除去しよう」、「全世界の国民が、ひとしく恐怖と欠乏から免かれ、平和のうちに生存する権利を有する」、「いづれの国家も、自国のことのみに専念して他国を無視してはならない」、「自国の主権を維持し、他国と対等関係に立たう」といった価値観です。これらは日本国憲法の前文からではありますが、日本限定の価値観ではないでしょう。もちろん、現実にはまだまだ課題が多く、これらが充分実現できていない状況もありますが、私たちはこれらを人類が追い求めてきた、また今なお追い求めている価値観として、歴史を見る目とすることはできます。例えば、「主権が国民に存する」＝主権在民という考え方は歴史的にどのように生まれ、発展し、現在に至るのかを学ぶことを通して、現在の民主政治の到達点を知るとともに、これからの課題を探っていくことができるでしょう。

このように自らの視点、価値観を持って歴史を学ぶなかで、いま自分が生きている社会の認識を深め、自分が何を大切にして社会のなかで生きていくか、さらには、これからどんな社会を築いていくかを考える指針を得ることができると思います。

第2章

『日本国紀』はどのように女性を描いているか

平井美津子

（1）中学校の歴史教科書と比べてみると

女性が登場してこなかった今までの歴史

歴史に登場する人物の中で、女性というとだれを思い浮かべますか？「卑弥呼」「紫式部」「北条政子」など数名しか浮かんでこないかもしれません。歴史の教科書で女性の登場人物を見ると、こんなに少なかったのかと驚くばかりです。なぜでしょう？　人口的に見れば、男性も女性も割合はほぼ同じです。それなのに、実質的に権力を握ってきたのがほとんど男性であったために、男性だけが社会を動かしたり、歴史を作ってきたかのように描かれてきたのです。

女性たちは社会の中で、けっして何もせずに、何も作り出さずに、ただ男性に従って生きてきたわけではありません。一見、男性だけが歴史の主人公のようにとらえがちですが、男性と女性の相互の営みがあったからこそ、私たちの社会は動いてきたのです。それは、みなさんの家庭を見ても言えることではありませんか？しかし、残念ながら女性たちが社会で果たしてきたことについての叙述があまりにも少ないのが今までの歴史学でした。

最近の歴史学ではジェンダー（社会的、文化的に形成された男女の違いの視点）から歴史を見ていこうという取り組みが成果を上げるようになりました。歴史教科書の記述はまだ研究成果に追いついてはいませんが、固有の名前として残っている女性だけでなく、越中女房一揆を起こした富山の女性たちや原水爆禁止署名を集めた杉並区の主婦たちのように、社会を変革しようとした無名の女性たちにも焦点を当てる記述も生まれています。

中学校の歴史教科書と比べてみると

実際に中学生が使っている歴史の教科書と『日本国紀』に登場する女性を比較してみましょう。

中学校の歴史教科書で最も多くの中学生に使われている『新編　新しい社会　歴史』（東京書籍　２０１７年）に登場する女性は、前近代では、卑弥呼、推古天皇、持統天皇、光明皇后、清少納言、紫式部、北条政子、日野富子、出雲阿国の9人です、近現代では津田梅子、与謝野晶子、樋口一葉、平塚らいてう、知里幸恵の5人で、合計14人しかいません。女性の少なさを実感する数字です。

百田氏らが批判している『ともに学ぶ人間の歴史』（学び舎　２０１７年　以下「学び舎」）はどうでしょう。前近代では卑弥呼、天照大神、持統天皇、清少納言、紫式部、北条政子の6人、近現代では津田梅子、岸田俊子、与謝野晶子、樋口一葉、楠瀬喜多、柳寛順、和田英、平塚らいてう、市川房江、佐々木禎子、小林トミ、長谷川町子、宮本百合子、金学順の14人で合計20人です。

『日本国紀』では、前近代は卑弥呼、天照大神、神功皇后、推古天皇、元明天皇、光明皇后、清少納言、紫式部、藤原道綱母、菅原孝標娘、定子、彰子、美福門院、祇園女御、平徳子、北条政子、日野富子、ねね、茶々、市、江、鶴姫（綱吉の娘）、和宮と23人もいますが、近現代ではイザベラ・バード、稲田朋美とたった2人で合計25人です。人数だけで見ると、『日本国紀』はたくさんの女性を登場させていると言えます。

神功皇后ってどんな人？

『日本国紀』に登場する人物について、考えていきましょう。

ここに、歴史上の人物でない人がいます。天照大神と神功皇后です。天照大神は神話上の人物として、「学び舎」にも『日本国紀』にも登場しますが、神功皇后が登場するのは『日本国紀』だけです。今年（2019年）、2024年から発行される新しいお札のデザインが発表されました。男性が渋沢栄一と北里柴三郎、女性は津田梅子です。今までの紙幣で女性が登場するのは、2千円札の紫式部と5千円札の樋口一葉ですが、今回の津田梅子は樋口一葉に代わって登場とのこと。紙幣の顔を見ても女性が少ないことがわかります。

紙幣に印刷された最初の人物は神功皇后だった

では、日本の紙幣に最初に印刷された人物は誰でしょう？聖徳太子という声が聞こえてきそうですが、聖徳太子が印刷されるのは1930年からです。実は最初の紙幣の顔は女性だったのです。日本政府が紙幣に人物を印刷するようになったのは1881年からです。この時に発行した1円以上の紙幣に印刷された人物が神功皇后なのです。日本の国で人物が印刷された紙幣の第1号の人物が神功皇后ということです。

神功皇后は中学校や高校の教科書のどこにも登場しませんし、知っている人もほとんどいないでしょう。

神功皇后は、第14代仲哀天皇の皇后で第15代応神天皇の母とされる女性で、『古事記』や『日本書紀』に、仲哀天皇の死後、新羅を討ち、百済や高句麗を服属させ、「三韓征伐」をした人物とされています。しかし、歴史研究ではその存在自体が疑われています。神話上の人物とされる神武天皇の東征も真実と言ってはばからない百田氏は、「仲哀天皇も神功皇后も実在したと考えるほうが自然である。」（26ページ）と書きます。神功皇后を実在したと描くことで、大和政権が朝鮮半島を早い時期から屈属させていたように読者に思い込ませようとしているのです。

近代日朝関係史研究者の中塚明氏も「明治以後、日本の朝鮮侵略がすすみ韓国併合にいたるのですが、それ以前もそれ以後もアジア太平洋戦争の敗戦まで、学校教育はもとより、多方面で、日本が大昔から朝鮮を支配してきたかのように日本人に思いこませるため、かならず登場してきた『人物と説話』です。」（中塚明『日本人の明治観をただす』高文研　２０１９年）と指摘します。１８８１年の紙幣に神功皇后が登場したころは、日本が江華島事件を起こし、「日朝修好条規」を押し付けてから6年という時代でした。まさに、「三韓征伐」を再現しようという意図がこの紙幣の発行にあったのかもしれません。

『日本人の明治観をただす』（中塚明、高文研、2019年）

今や、「三韓征伐」も神功皇后もまったく歴史教科書には登場しません。それをあえて、百田氏が登場させた理由は、日本による朝鮮支配の正当性を主張するために、すでに歴史学会では否定されている事項を引きずり出してきたのだと言えます。

たくさんの女性が登場してるけど、どんな人たち?

さて、『日本国紀』で登場する女性の多くは推古天皇、元明天皇、光明皇后、定子、彰子、美福門院、祇園女御、平徳子、和宮のように皇族や皇室につながる人たちです。女性の中でも皇族を多く登場させているところに百田氏の歴史観が表れています。万世一系の天皇の下に素晴らしい歴史を築いてきたと日本を誇る百田氏は「男系は一度も途切れることなく継承されている」(34ページ)と書きます。彼は日本の天皇は男系でなくてはならないという考え方で、女性天皇や皇族につながる女性たちを記述しているのです。決して、百田氏は、この女性たちが歴史の中で果たしてきた個々の役割を評価しているのではありません。それは、彼女たちに関する記述を見てもわかります。

推古天皇は「摂政として補佐した聖徳太子」、定子は「道長の姪」、彰子は「道長の長女」、美福門院は「(鳥羽上皇の)寵愛する」、祇園女御は平清盛を生んだ女性、平徳子は「高倉天皇の皇后」、和宮は「孝明天皇の妹」で将軍家茂に嫁いだ、という表現で描かれています。つまり、彼女たちを「母」「娘」ないしは男性との関係でしかとらえていないのです。しかし、これまで男性天皇へ皇位を引き継ぐための中継ぎとして考えられてきた女性天皇でしたが、統治能力や統率力が認められた年長の女性たちが天皇に選ばれたのだと評価は変わりつつあります（義江明子『天武天皇と持統天皇』山川出版社、2014年）。

また、皇族以外では、北条政子、日野富子、ねね、茶々、市、江、鶴姫（綱吉の娘）という鎌倉から江戸時代の女性が登場します。

北条政子は歴史の教科書では欠かせない女性です。百田氏は「実権を握っていた北条政子（義時の姉）が御家人（頼朝と主従関係を結んでいた武士）を集め、頼朝がいかに彼らのために戦ってきたかを熱く説いた。」（94ページ）と記述しています。「学び舎」では、「政子は実際には、将軍の役割を果たしていたと言われます。」とより詳しく表現しています。実際、北条政子は朝廷より従二位に叙せられており、頼朝と同等の位を得ていました。同じように日野富子についても、百田氏は応仁の乱の原因を作った女性として描いていますが、近年は外交手段を巧みに使って乱を収拾したと評価されています。

百田氏はねねや茶々、市、江に関しては、世継ぎを産む性としてしかとらえず、特に茶々に関しては歴史の裏話とも言えないような猥雑な話に終始しています。戦国を生きた女性たちは、政略結婚の末の悲劇のヒロインのような面が強調されてきましたが、家と家を結ぶために重要な役割を担ったことや戦争の中で重要な役割を果たしたことがわかってきています（西村汎子編『戦争・暴力と女性1 戦の中の女たち』吉川弘文館、2004年）。自ら「壮大な物語」（3ページ）とする内容としてはあまりに下世話に過ぎる内容で、読んでいて気持ちのいいものでなく、女性たちを貶める表現と言えます。

さて、前近代では内容はともかくとして23人も女性を登場させているのに、近現代ではたったの2人です。イザベラ・バードと稲田朋美はいったい何をしたのでしょうか?

「明治の初期に日本を旅したイギリスの女性旅行家イザベラ・バードは、日本ほど女性が一人で旅しての危険や無礼な行為とまったく無縁でいられる国はないと旅行記に記している」(279ページ)と、日本の民衆の正直さと誠実さを示す例としてイザベラ・バードの体験を描いています。彼女自身が日本の歴史のなかで何かを成し遂げた人物として紹介されているのではありません。日本の国や日本人がいかに素晴らしいかを言いたいがために登場させただけなのです。しかも、日本人を外国人(特に欧米人)が称賛したということが彼にとっては重要なのではないかと思います。しかし、バードが書いたものをよくよく読むと、決して日本人を誉めそやすだけではなく、「日本人の召使いがよくやることで、道中で金銭の取引があると、その度毎に分け前をはねるのである。」といったことも記しています(イザベラ・バード『新訳日本奥地紀行』平凡社　2013年)。バードは自分が日本で見たままを先入観にとらわれずに記しました。百田氏はバードの書いたものの都合のいいところだけを切り取っているにすぎません。

稲田朋美はどうでしょうか?　彼女が登場する場面は、2016年に来日したミャンマーのセイン・ウィン国防大臣との会談の場面です。そこで国防大臣は「わが国の独立の歴史において、日本と旧日本軍による軍事支援は大きな意味があった。(中略)アウン・サン将軍が『ビルマ独立義勇軍』(BIA)を設立し、BIAと日本軍が英国の植民地支配を打ち倒した。ミャンマーは日本兵と日本に対し、いつも感謝している」（446ページ）と述べたところに国防大臣の会談相手として登場するだけで、彼女自身の言葉は全く紹介されていません。

ここに稲田朋美の名前がなくても言いたいことは伝わります。アジアの植民地からの独立に日本は大きく貢献したと言いたいのです。安倍政権を礼賛するうえで、盟友である稲田朋美を登場させることが必要だったというのが登場の理由でしょう。本来彼女が登場するとすれば、南スーダンに派遣されていたPKO部隊の日報を陸上自衛隊が保管していた問題で、その存在の隠蔽が明らかになり、防衛大臣を辞任したことこそ書くべき内容ではないでしょうか。

しかし、近現代が2人で、しかもその2人が実際に歴史のなかでどんな行動をしていたのかが描かれてないというのは不思議です。近現代の社会で女性たちは活動していなかったのでしょうか？「学び舎」の教科書では、前近代よりも近現代の方が多く取り上げられています。現在の5千円札の樋口一葉も、2024年から5千円札に印刷される津田梅子も、どの教科書にも登場しています。しかし、百田氏はそういった誰もが知っている女性も取り上げていません。与謝野晶子や平塚らいてうといったおなじみの女性たちもスルーしています。彼女たちは、様々な分野で男性を凌駕する大きな活躍を果たした人物です。『日本国紀』は社会を作っていったのは男性であるといった歴史観で書かれていると言えるでしょう。

(2) 平等を求めた女性たち

東大入学式での上野千鶴子さんの祝辞

今年（２０１９年）東京大学の入学式でのジェンダー研究者・東大名誉教授の上野千鶴子さんが新入生を前にして述べた祝辞が話題になりました。このなかに、平安時代の女性たちを考えるヒントがあります。紹介します。

「ご入学おめでとうございます。あなたたちは激烈な競争を勝ち抜いてこの場に来ることができました。その選抜試験が公正なものであることをあなたたちは疑っておられないと思います。もし不公正であれば、怒りが湧くでしょう。が、しかし、昨年、東京医科大不正入試問題が発覚し、女子学生と浪人生に差別があることが判明しました。文科省が全国81の医科大・医学部の全数調査を実施したところ、女子学生の入りにくさ、すなわち女子学生の合格率に対する男子学生の合格率は平均1・2倍と出ました。問題の東医大は1・29、最高が順天堂大の1・67、上位には昭和大、日本大、慶応大などの私学が並んでいます。1・0よりも低い、すなわち女子学生の方が入りやすい大学には鳥取大、島根大、徳島大、弘前大などの地方国立大医学部が並んでいます。ちなみに東京大学理科3類は1・03、平均よりは低いですが1・0よりは高い、この数字をどう読み解けばよいでしょうか。

統計は大事です、それをもとに考察が成り立つのですから。

女子学生が男子学生より合格しにくいのは、男子受験生の成績の方がよいからでしょうか？全国医学部調査結果を公表した文科省の担当者が、こんなコメントを述べています。『男子優位の学部、学科は他に見当たらず、理工系も文系も女子が優位な場合が多い』。

ということは、医学部を除く他学部では、女子の入りにくさは1以下であること、医学部が1を越えていることには、なんらかの説明が要ることを意味します。

事実、各種のデータが、女子受験生の偏差値の方が男子受験生より高いことを証明しています。（中略）最近ノーベル平和賞受賞者のマララ・ユスフザイさんが日本を訪れて「女子教育」の必要性を訴えました。それはパキスタンにとっては重要だが、日本には無関係でしょうか。（中略）マララさんのお父さんは、『どうやって娘を育てたか』と訊かれて、『娘の翼を折らないようにしてきた』と答えました。そのとおり、多くの娘たちは、子どもなら誰でも持っている翼を折られてきたのです。

そうやって東大に頑張って進学した男女学生を待っているのは、どんな環境でしょうか。

他大学との合コン（合同コンパ）で東大の男子学生はもてます。東大の女子学生からはこんな話を聞きました『キミ、どこの大学?』と訊かれたら、『東京、の、大学…』と答えるのだそうです。なぜかといえば『東大』といえば、ひかれるから、だそうです。なぜ男子学生は東大生であることに誇りが持てるのに、女子学生は答えに躊躇するのでしょうか。

なぜなら、男性の価値と成績のよさは一致しているのに、女性の価値と成績のよさとのあいだには、ねじれがあるからです。女子は子どものときから「かわいい」ことを期待されます。ところで「かわいい」とはどんな価値でしょうか？　愛される、選ばれる、守ってもらえる価値には、相手を絶対におびやかさないという保証が含まれています。だから女子は、自分が成績がいいことや、東大生であることを隠そうとするのです。

東大工学部と大学院の男子学生5人が、私大の女子学生を集団で性的に凌辱した事件がありました。加害者の男子学生は3人が退学、2人が停学処分を受けました。この事件をモデルにして姫野カオルコさんという作家が『彼女は頭が悪いから』という小説を書き、昨年それをテーマに学内でシンポジウムが開かれました。『彼女は頭が悪いから』というのは、取り調べの過程で、実際に加害者の男子学生が口にしたコトバだそうです。この作品を読めば、東大の男子学生が社会からどんな目で見られているかがわかります。

東大には今でも東大女子が実質的に入れず、他大学の女子のみに参加を認める男子サークルがあると聞きました。（中略）

これまであなたたちが過ごしてきた学校は、タテマエ平等の社会でした。偏差値競争に男女別はありません。ですが、大学に入る時点ですでに隠れた性差別が始まっています。社会に出れば、もっとあからさまな性差別が横行しています。東京大学もまた、残念ながらその例のひとつです。

学部においておよそ20％の女子学生比率は、大学院になると修士課程で25％、博士課程で30・7％になります。その先、研究職となると、助教の女性比率は18・2％、准教授で11・6％、教授職で7・8％と低下します。これは国会議員の女性比率より低い数字です。女性学部長・研究科長は15人のうち1人、歴代総長には女性はいません。（後略）」（https://www.u-tokyo.ac.jp/ja/about/president/b_message31_03.html）

この祝辞は女性が今なお差別を受けている状況を呈し、大学生たちにそういった社会を変革していくのはあなたたちですとエールを送っているものです。

平安時代の女性たちの本当の姿

百田氏は国風文化に関わって以下のように書いています。

「平仮名は片仮名に比べ優美な曲線を持っていたことから、宮中で働く女官たちが好んで使った。そのため「女手」とも呼ばれた。この平仮名の発明は日本語における表現力を飛躍的に発展させた。

平安京の女官たちは高い教養を持っていたが、彼女たちはそれを競い合うかのように、平仮名を使って様々な著作を生み出した。清少納言が書いた随筆『枕草子』、紫式部が書いた長編小説『源氏物語』、藤原道綱母が書いた日記文学『蜻蛉日記』、菅原孝標娘が書いた『更級日記』などは、千年後の現代でも読まれている名作である。（中略）『源氏物語』はその代表作であるが、現代も世界の20カ国以上で翻訳され読まれている。私は、平安時代の文学が女性たちによって紡がれたことを、本当に素晴らしいことであると思う。

日本以外の世界を見渡せば、女性が書物を著すのは近代になってからである。それ以前の中国やヨーロッパでは、女性は出産や子育てや男性の快楽のための存在であり、教養や知識を持つどころか、文字を読める人さえ稀であった。イスラム原理主義の強い国では、二十一世紀の現代でも女性に教育が与えられていない。しかし日本においては古代からすでに女性が和歌を詠み、それらは『万葉集』にも数多く載せられている。文化的先進国でも、これほどの女性の地位が高い国は他にない。また『源氏物語』を読めば、当時の宮中の女性たちが男性に支配される立場ではなく、恋愛に関しても対等であったことがわかる。」(68~70ページ)

上野さんの祝辞とこれがどんな関係があるのでしょう。実はそこには平安時代に紫式部や清少納言のような女性が直面していたことと同じことが登場するのです。

百田氏は平安時代の教養ある女性たちを絶賛し、そのうえで「これほど女性の地位が高い国は他にない。…当時の宮中の女性たちが男性に支配される立場ではなく、(男女が)対等であったことがわかる。」と述べています。

そもそも宮中において男性と女性が対等だったのでしょうか？　平安時代に先立つ奈良時代には、貴族や豪族の家に生まれた女性たちも朝廷に出仕し、政治の世界で活躍しています。奈良時代、正三位県犬養三千代は天武以降4代の天皇に仕え、長年の功績によって橘の姓を賜り、藤原不比等との間にできた娘を聖武天皇に入内させました。奈良時代にはこのように一族を代表して天皇に仕え、大きな地位を得た女性もいました。ところが平安時代になると男女が対等に朝廷に出仕するという体制から、政治は男官、生活は女官とされ、女性は政務の公的な場から排除されていきました。

生まれた階層によっても女性の人生は大きく異なります。藤原氏のような大貴族の娘は、家の力によって天皇の妃として入内しました。入内した妃の中には、一条天皇の中宮彰子のように「国母」となって自分の息子である天皇を補佐するなどの政治的権限を持つ女性もいました。一方、中下級貴族の娘たちは、自分の家と同等の貴族との結婚生活を選ぶか、入内した妃たちの身辺の世話をする女房として出仕するという選択肢もありました。妃たちの身辺の世話をする女房には、それなりの高い知性が必要でした。「男手」と呼ばれた真名（漢字）、「女手」と呼ばれた仮名（ひらがな、カタカナ）を書けることはもとより、和歌や漢籍（漢詩による文学）、管弦（琵琶や琴、笛など）など一定の貴族社会で求められる教養がなくては勤めることはできなかったのです。

一見、高い教養を身につけて華やかな生活を送ったかのように見える宮仕えですが、紫式部や清少納言たちは、それだけの教養を持ちながらも「男手」を決して使うことはありませんでした。それは女性が「男手」を使うことがいけないことのように思われていたからです。そして、書けない知らないふりさえしなければならなかったのです（久留島紀子・長野ひろ子・長志珠絵編『歴史を読み替える　ジェンダーから見た日本史』大月書店　２０１５年）。

このことは、まさしく先ほどの祝辞で紹介されていた、東大の女子学生が、東大であると言うことを躊躇することと共通しているように思えます。宮仕えする女性たちも、男性の貴族たちから疎まれない、庇護されるためには、相手を絶対におびやかさない存在という保証が含まれているということをいつのまにか身につけてきたからなのです。国風文化を支えた女性たちは、自らの才能を公的に発揮する場もなく、定子や彰子のような妃たちを支えていったのでしょう。百田氏が「女性の地位が高い」と言うのはどのような根拠からかはわかりません。しかし、社会の中で自分の才能を生かして男性と対等に働くということが叶わなかったのが平安時代の中下級の貴族女性たちの実態なのです。

　平安時代の女性研究者の服藤早苗さんは書いています。「（紫式部と清少納言の）2人に共通するのは、最初の夫と実質的な離婚後に女房出仕し、宮廷貴族の生活を題材にした点で、両者とも一夫多妻批判や男女が対等に社会的役割を分担できない憤りを行間に記している。男女が対等に生きる社会を希求した最初の女性たちかもしれない」と（久留島紀子ら前掲書）。

『歴史を読み替える　ジェンダーから見た日本史』（久留島紀子ほか編、大月書店、2015年）

　豊かな才能に恵まれていても、自分たちの才能を十分に発揮することができなかった女性たちの心の叫びが「源氏物語」や「枕草子」に込められているのではないでしょうか。

　では、男女の平等ということで考える時、恋愛に関してはどうだったのでしょう？

　平安時代になるころまでの婚姻の形は、男女が相手に求愛や求婚をし、相手が合意すれば今の結婚式のような特別な儀式はなく性的関係が始まりました。基本的には通い婚で夜行って朝帰るというものです。男性の通いだけでなく、女性の通いもありました。3カ月理由もなく行き来しなければ、離婚とみなされました。女性が訪ねてきた男性を中に入れなければ、離婚の意思表示ととられました。ある意味、とても流動的だったのです。貴族社会では男女共働きが多く、それぞれ収入や財産があったからこそです。庶民の場合も村の共同体の助け合いが強く、婚姻関係に依存しなくても暮らせていけたのです（久留島紀子ら前掲書）。

ところが、9世紀になると、権力が父から子へと継承される「家」が成立し、女性たちは家を形成する主体ではなくなりました。そこから、男性と女性は対等と言える関係ではなくなっていきます。女性は経済的にも男性に徐々に従属するようになっていきます。藤原道綱母は、夫である藤原兼家との結婚生活について『蜻蛉日記』に記していますが、兼家のもうひとりの妻との確執や、一夫多妻制のもとで夫に次々とできる女性たちについての悩ましい思いを綴っています。また、だれとでも自由に結婚できたかといえば、貴族の娘に男性貴族から求婚してきた場合、地位や財産があるか、家柄や将来性はどうかなどさまざまな条件を考慮して、誰にするかを親が決めました。その場合、父親より母親のほうが発言力を持っていたようです。藤原道長と源倫子が結婚するとき、倫子の母が強く推して道長に決まったそうです。庶民は自由だったかもしれませんが、貴族にはいろいろな制約があったようです。

紫式部や清少納言の本名がわからないのはなぜ？

百田氏は紫式部や清少納言の本名がわからないのは、「当時、女房と呼ばれる女性たちは本名をみだりに明かすことはなかったからである。」（71ページ）としています。そうなのでしょうか？　紫式部の場合、彼女の父藤原為時の役職の式部大丞の「式部」と『源氏物語』の「紫の上」の紫からつけていますし、清少納言は彼女の父の清原元輔の「清」をつけていますが、「少納言」の出自は不明です。これらの呼び方はいずれも候名（さぶらいな）という職場での通称でした。では、なぜ男性は名前がわかっていて、女性たちは分からないのでしょう。

その理由は、元服をする男性と女性の違いでした。男の子も女の子も小さいころは童名《わらびな》（男子なら「法師丸」や「牛若丸」、女子なら「千手」や「めでたき」など）で呼ばれていました。ところが、貴族の男子は元服にあたって道長や頼道といった社会人として通用する名前に改めました。女性の場合は、元服がなく、そのまま名前を改める機会もありませんでした。つまり平安時代には女性は社会の構成員から除外されていたということです。ですから、男性であろうと女性であろうと社会の構成員として認められる立場にない人々には、童名しか持たない人はたくさんいたということです。

紫式部や清少納言は正式に女房として出仕していますから、位を与えられています。その位をもらうための公式文書には彼女たちの正式な名前を書かなければなりませんでした。天皇の后として入内する場合にも正式な名前を名乗らなければなりませんでした。では、入内した妃たちの名前がわかっているのに、女房たちの名前がわからないのはなぜでしょう。妃や国母となる女性は朝廷での官位を授けられたため、上東門院彰子や待賢門院璋子のように公式記録に残っています。

ところが、妃に仕える女房たちは公式記録には本名が記載されても、普段の宮仕えの場では本名は使わず候名で通していたので、公式記録と候名が一致せず、本名は突き止められないのです。男性貴族の場合も官職名で呼ぶのが当たり前でしたが、男性の場合に本名はほとんどわかります。それは、男性は自分自身の官職名（大納言や中納言など）で呼ばれていたため公文書と照らしあわせることで容易に実名がわかったからです。ところが、女性の場合は、父や兄弟・夫などの官職による候名を使っていたため、そこから彼女たちの名前がわかることはほぼありませんでした。自分の官職を候名に使った男性と、父や夫などの官職を候名に使わざるをえなかった女性とでは、社会における立場は全く違っていました。百田氏が「本名をみだりに明かすことはなかったからである。」という説明は、当時の女房たちの実態を正確に表した記述とは言えません。

第3章

『日本国紀』が描く近現代日本の虚像と実像

本庄豊
家長知史
平井美津子

(1) 自由民権運動と大日本帝国憲法〜幕末から明治初期の民衆運動

民衆の動きについての記述が欠落

『日本国紀』には、権力の側から見た歴史しかありません。それは幕末から明治初期の激動期についても同様で、中学校や高等学校の歴史教科書に必ず書いてある世直し一揆や、自由民権運動などの民衆の動きについての記述が欠落しています。

1837年に反乱を起こした役人・大塩平八郎は、人びとにあてた「檄文」に「米価が上がり生活は困窮を極めている。大阪の奉行や役人は高利貸や大商人ばかりを大事にしているが、私たちももうこれを堪忍できないので、悪徳町人や金持ちを襲い、その者たちが蓄えている金銀やコメを人びとに配分したい。もし大阪で騒動が起こっていると聞いたら、一刻も早くかけつけてほしい」と書き、反乱に身を投じました。

グラフ「百姓一揆の発生件数の波」を見ると、幕末になるにしたがって一揆の件数が激増しているのがわかります。武士階級にとって、農村での一揆や都市での打ちこわしの増加は幕藩体制の危機であり、新しい中央集権的な国家をつくらねばという思いは幕府や薩長で共有されていました。

1866年は江戸時代を通じてもっとも一揆・打ちこわしの件数が多かった年ですが、武州一揆（埼玉県・東京都）では、「世直し将軍」ののぼりが立つなど、貧民救済と経済的平等を求める運動が政権批判の様相を帯びていきました。こんななか幕府は長州藩を攻撃し、失敗します。大政奉還、王政復古、戊辰戦争（１８６８年）へと時代は大きく動いていきます。

将軍に近い人たちも「民心が幕府から離れるのが一番怖い」という声を上げはじめていました。鳥羽伏見の戦いで勝利した新政府軍は、東海道を東へ軍を進めました。戊辰戦争での敗色が濃厚となった幕府にたいし、薩長を中心とする新政府軍は恭順を求めるとともに、将軍・徳川慶喜の助命を約束したといいますが、その背景にあったのは関東周辺での百姓一揆や打ちこわしでした。

百姓一揆の発生件数の波

江戸時代を通じて、百姓一揆は約3200件にも及んでいる

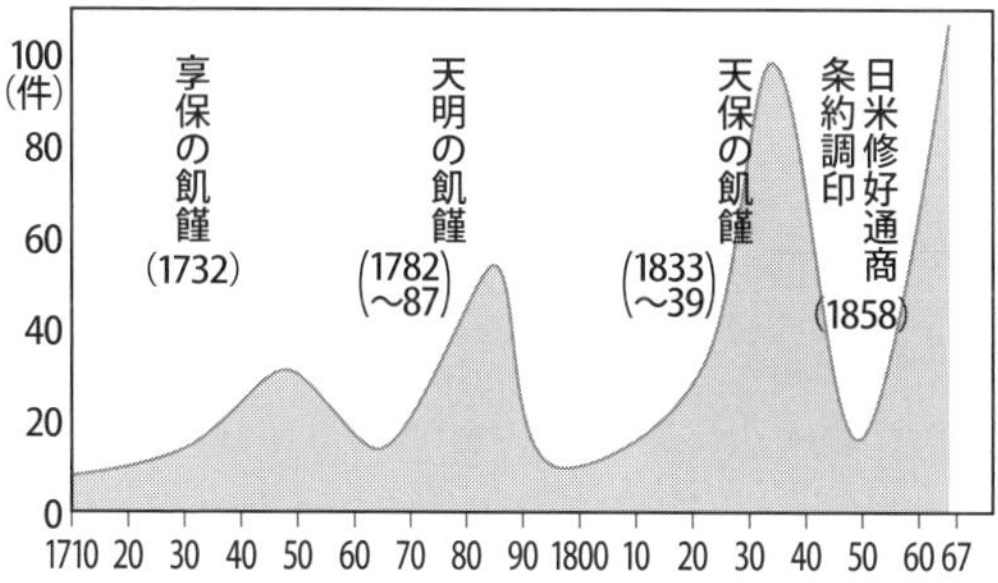

江戸城は戦わずして新政府軍に明け渡されます。これを「江戸無血開城」と言います。「江戸無血開城」について、『日本国紀』には「この事件は日本史に燦然と輝く奇跡のような美しい出来事である。私は、「これぞ、日本」だと思う。恨みや怒りを超えて、日本の未来を見ようと両者の英断があったればこそのことである」（２７５ページ）と書かれています。これは、権力者側からしか見ない歴史の限界を示しているだけではなく、「これぞ日本」「英断」などという言葉からわかるように、百田氏の価値観で歴史を都合よく解釈する歴史修正的な側面も持っていると言えるでしょう。

「江戸無血開城」のために話し合った西郷隆盛（新政府側）と勝海舟（幕府側）の２人の利害、すなわち武士階級の存続

をはかることは一致していたのです。江戸を火の海にすれば、江戸の民衆の気持ちは幕府からも新政府からも離れてしまうと考えたのであり、「日本史に燦然と輝く奇跡のような美しい出来事」ではなかったのです。薩長の背後にいたイギリスも、江戸総攻撃には反対でした。最後の将軍・徳川慶喜は、初戦での敗退で意気消沈し、恭順に傾いていました。

明治新政府ができるとすぐに、地租改正や徴兵令、学制などが矢継ぎ早に出されますが、百姓一揆の伝統を持つ人々は要求ごとに一揆を起し、減税などを勝ち取ることができました。明治の自由民権運動はこうした歴史の積み重ねのなかで、展開されることになります。

五箇条の誓文は「近代民主主義の精神に満ち溢れて」いたか?

戊辰戦争を優位に進めるなかで、新政府は1868(慶応4・明治元)年1月に王政復古と天皇の外交権掌握を諸外国に告知し、3月には五箇条の誓文を公布し、天皇親政に代わったことを強調しました。五箇条の誓文について、『日本国紀』には次のように書かれています。なお、『日本国紀』には「御誓文」とされ「御」が付きますが、本書では現在学校で使用されている多くの歴史教科書にしたがって「誓文」とします。

「戊辰戦争を戦っている明治元年(一八六八)三月に、明治政府は「五箇条の御誓文」を発表した。これは明治天皇が天地神明に誓約する形で、公家や大名たちに示した明治政府の基本方針であるが、注目すべきは最初の二条である。

「広ク会議ヲ興シ万機公論ニ決スベシ」

「上下心ヲ一ニシテ盛ニ経綸ヲ行フベシ」

これはわかりやすくいえば、「広く人材を集めて会議を開いて議論を行ない、人々の意見を聞いて物事を決めよう」「身分の上の者も下の者も心を一つにして国を治めていこう」というものである。ここには独裁的な姿勢は皆無である。まさに近代的民主主義の精神に満ち溢れている。

それだけでも十分な驚きだが、私は、千二百年以上前に聖徳太子が作ったといわれる「十七条憲法」との類似性に唸らされる。すなわち「和を以て貴しと為し」「上やわらぎ下むつびて」というくだりである。日本は古来、専制君主ではなく、政治は皆で行なっていくのが理想と考えていた国なのである。」（285～286ページ）

五カ条の誓文が独裁政治ではなく、「近代的民主主義の精神に満ち溢れている」と百田氏は言いますが、これは事実ではありません。民主主義とは民衆が主人公になるような政治体制のことであり、明治政府がそうだったとすれば、それは歴史の解釈ではなく、捏造ということになります。五カ条の誓文は支配者間の「会議」「公論」「上下心ヲ一」であり、十七条憲法も支配者間の「和」を説いたにすぎません。誓文に続いて出された「五榜の掲示」は民衆向けであり、江戸時代同様、強訴やキリスト教の禁止が書かれていました。

王政復古、天皇親政として始まった新政府は、奈良時代の大宝律令の形式を復活させた神祇官や太政官、宮内省、大蔵省、兵部省などを設けました。他方では国家権力を太政官に集め、アメリカ合衆国憲法を参考にした三権分立制を形式的に取り入れるなど、欧米諸国向けに近代国家の形式を整えようとしました。新政府は、王政復古と近代化の両方を進めようとしたのです。

『日本国紀』の重要なねらいの一つは、現在の日本国憲法をアメリカからの押しつけであり、変えるべきだということを「証明」する歴史を記述することです。そのためには、十七条憲法→五カ条の誓文→大日本帝国憲法というかたちでそれら文書の連続性を示し、そのことによって日本国憲法の異質性を際立たせ、今の憲法を大日本帝国憲法に精神に戻す根拠を明らかにすることが必要なのです。『日本国紀』から引用しましょう。

「明治九年（一八七六）、明治政府は元老院議長に、各国の憲法を研究して日本の憲法を起草するよう命じた。この時点では日本はまだ立憲民主国とはいえず、政治の実権は維新の立役者となった一部の重鎮（元老や参議）たちが握っていた。

しかし明治元年（一八六八）の「五箇条の御誓文」の中で、明治天皇は「万機公論ニ決スベシ」として、議会制民主主義の方向性を提示しており、一方、「明治六年の政変」で野に下った板垣退助らは「民撰議院設立建白書」を提出し、国民が選んだ議員による国会の開設を要求していた。これがきっかけとなり、「自由民権運動」が起こり、全国に広がった。

大政奉還までは、徳川将軍が諸侯の上に君臨し、全国に三百近くあった藩では、農民や町人は、殿様が行なう政道に何一つ口を挟むことはできなかった。それが、わずか十年で「自分たちも政治に参加させろ」と声を上げるようになったのだ。日本の民権運動と憲政の実現は、この後の世界史にも深く静かに影響していく。

政府は「自由民権運動」を弾圧するが、その一方で、日本が近代国家になるためには、立憲体制を整え、選挙で選ばれた議員による国会が必要だということもわかっていた。そこで明治十四年（一八八一）、「明治二三年に国会を開設する」との勅諭が出される。これにより、いくつもの政党が生まれることになる（板垣退助の「自由党」、大隈重信の「立憲改進党」など）。」（301ページ）

今の憲法につながる自由民権運動

自由民権運動の担い手は士族や豪農、貧農へと変遷しつつ、民主的な国会を開設してほしい、民主的な憲法をつくってほしいという声が燎原の火のように広がり、政党ではフランス流の急進的な自由党、イギリス流の穏健な立憲改進党などが結成されました。

明治政府は保安条例（1887年）をつくって自由民権運動を弾圧しました。保安条例はのちの治安維持法（1925年）につながる民衆弾圧法でした。こうしたなか、土佐（高知県）出身の自由民権運動のリーダー・植木枝盛は、次のような「東洋大日本国国憲按」を発表し、今の日本国憲法につながる民主的な憲法案を提示しました。

〈東洋大日本国国憲按〉

42条　日本人民は法律上において平等とする。

49条　日本人民は思想の自由を持つ。

72条　政府がみだりに国憲にそむき、ほしいままに自民の自由権利を侵害し建国の旨趣をさまたげるときは、日本国民はこれを滅ぼして新政府を建設することができる。

（「秘書類纂」東京法令『ビジュアル歴史』2019年）

また仙台（宮城県）出身の自由民権運動のリーダー・千葉卓三郎が1881（明治14）年に起草したとされる「五日市憲法」は、その4分の3が基本的人権にかかわる条項であり、「日本国民は、各自自由権利をもっている。法律はそれを保護しなければならない」「日本国民は、華族や平民の区別なく、法律上の平等である権利をもつ」「府県（地方）の自治は、その地域の習慣などによるものなので、国会といえども侵してはならない」（学び舎『ともに学ぶ人間の歴史』）など、現在の日本国憲法と共通する内容が書かれていました。

明治政府は自由民権派の民主的な憲法案に対抗する君主権と政府の権限の強い憲法をつくろうと、伊藤博文らをヨーロッパに派遣し、憲法調査にあたらせました。天皇の力を利用して、民衆を支配するためには、ドイツの憲法が参考になったからです。伊藤は、ドイツ流の憲法理論をベルリン大学のグナイスト、ウィーン大学のシュタインらから学びました。帰国後、伊藤はまず華族令（1884年）を定め、華族の範囲を広げて明治国家に「功績」のあったものに拡大し、将来の貴族院の土台をつくりました。翌年には内閣制度を制定します。地方制度については、ドイツ人顧問モッセのアドバイスを受けた山県有朋らが行ないました。

憲法草案作成作業は伊藤博文を中心に、1886（明治19）年末ころから極秘のうちに、ドイツ人顧問ロエスレルらのアドバイスも受けながらすすめられ、1889（明治22）年2月11日（神話上の天皇・神武天皇即位の日）に大日本帝国憲法（明治憲法）として発布されました。『日本国紀』が伊藤博文らの細かな動きを無視するのは、あくまでも明治憲法が「聖徳太子の『十七条憲法』以来の日本の政治思想」（『日本国紀』）ということを言いたいがためです。明治憲法も戦後の日本国憲法も、諸外国、とりわけヨーロッパ諸国の立憲主義や人権擁護の影響を強く受けていました。

明治憲法は、神聖不可侵とされた天皇が国民に与えたというかたちの欽定憲法であり、天皇大権と呼ばれる議会の関与できない大きな権限（陸海軍の統帥、宣戦・講和条約の締結など）を持っていました。議会は、貴族院と衆議院からなり、華族や勅選議員からなる貴族院が衆議院を制限する大きな権限を与えられました。

国民は「臣民」と呼ばれ、法律の範囲内での信教や結社の自由が認められましたが、その後明治政府は法律をつくり次々に国民を弾圧するようになっていきます。翌年に制定された教育勅語は、教育とりわけ学校の場を通して天皇を神格化させる力となりました。百田氏は「戦前の日本は、教祖を崇める危険なカルト集団であったからのような誤解が流布している」「いくら憲法の条文がしっかりしていても、その解釈や運用を間違うと大変なことになるという教訓である」（302ページ）と書きますが、天皇の名のもとにどれだけ多くの人たちが戦場で命を落としたかを考えると、まったく説得力はありません。

百田氏の言いたかったのは、「憲法制定と内閣制度の確立により、日本はアジアで初めての立憲国家となった。この頃までに民法、刑法、商法などの法律も整備され、これまたアジアで初めて近代法の整備に成功した国となった。」（303ページ）ということです。つまり、日本がアジアで一番すごい国だということなのです。しかし、アジア最初の憲法は1876年にオスマン帝国で制定されたミドハド憲法で、明治憲法ではありません。明治憲法は、解釈の上で天皇も政府の一機関に過ぎないとする「天皇機関説」を生み出す余地を残しましたが、天皇を神聖化したことにより国民主権から離れ、立憲的な側面が大幅に縮小、あるいは停止されることになったのが歴史の現実でした。

コラム　「君が代」は世界最古の歌詞か

百田尚樹氏は『日本国紀』において、「『君が代』は世界最古の歌詞を持つ国歌である」（304ページ）と述べています。これは完全な誤りです。「君が代」はもともと国歌なのではなく、「古今和歌集」に載っており、長寿を祝う歌として歌われていました。それを明治になってから国歌扱いにして、戦時中は植民地国の人びとにも強要してきたものです。

前ページに書いたように明治憲法について百田氏は、憲法の統帥権条項（11条）が「昭和に入って、政治家や軍の一部によって拡大解釈され濫用される。いくら憲法の条文がしっかりしていても、その解釈や運用を間違うと大変なことになるという教訓である」（302ページ）とし、明治憲法には罪はないと論点をすり替えます。「君が代」については、「ただ悲しいのは、昭和に入って大東亜戦争中に国威発揚のために盛んに歌われたために、戦後、占領軍によって軍国主義的な歌と見做され、演奏を禁じられたことだ」（同ページ）と「悲しい歴史」を強調し、「君が代」が果たした軍国主義的な役割を免罪しようとします。

こんにち、「君が代」について問題となっているのは、学校行事などにおける「君が代」の強制が、日本国憲法で保障された「内心の自由」を侵害しているのではないかということです。

百田氏は「しかし、昭和五二年（一九七七）、文部省は『学習指導要領』で、『君が代』を国歌と表記、さらに平成一一年（一九九九）、『国旗・国歌法』が制定され、『君が代』は正式に国歌となった。」（304ページ）と記していますが、「国旗・国歌法」制定時の国会論戦のなかで野中広務官房長官（当時）は以下のように述べ（傍線は筆者）、同様の内容で小渕恵三首相も答弁しています。

「国務大臣（野中広務君） 繰り返し御答弁申し上げておりますが、国旗・国歌の法制化と憲法十九条の思想及び良心の自由との関係につきましては、政府といたしましては、法制化に当たりまして、国旗の掲揚及び国歌の斉唱に関しまして義務づけを行うようなことは一切考えていないところでございまして、各人の内心にまで立ち入って国旗・国歌に対する思いを強制するものではないという亀井委員の御指摘はまさにそのとおりでございます。」（第145回国会 国旗及び国歌に関する特別委員会 第4

号平成十一年八月二日（月曜日）午前十時開会　議事録、http://kokkai.ndl.go.jp/SENTAKU/sangiin/145/0044/14508020044004a.html）

「国務大臣（野中広務君）　この法律案が今国会におきまして可決、決定をさせていただいて成立をいたしましたならば、現内閣において、この国旗・国歌について尊重義務を与えたり、あるいはそういう処置を織り込むようなことはございません。」（同）

さらに当時の天皇・明仁は「君が代」について、こう述べていました。（傍線は筆者）

米長元将棋名人（東京都教育委員）「日本中の学校にですね、国旗を挙げて、国歌を斉唱させるというのが、私の仕事でございます。」

天皇「ああ、そうですか。」

米長「今、がんばっております。」

天皇「やはり、あの、あれですね、その、強制になるというようなことでないほうがね、望ましいと……」

米長「ああ、もう、勿論そうで……本当に、素晴らしいお言葉を頂きまして、ありがとうございました」

（園遊会での天皇発言より。「朝日新聞」２００４年10月28日）

現在、公立学校現場では管理職が、教職員が卒業式などで「君が代」を歌っているかどうかをチェックする、「口パク点検」が起こっています。斉唱の場合、声ではわからないので、口を開いているかどうかを点検しているのです。点検する方もされる方もそれこそ「悲しい」のではないでしょうか。

(2) 朝鮮の開国をどう見るか

江華島事件をどう見るか

百田氏は『日本国紀』の「朝鮮に開国させる」のなかで、江華島事件と日朝修好条規の締結を次のように述べています。

「明治五年(1872)以来、李氏朝鮮に何度も国交を結ぶ要求をしていた日本は、明治八年(1875)、朝鮮半島の江華島に軍艦「雲揚《うんよう》」を派遣した。しかしこの軍艦が朝鮮に砲撃される事件が起きた(江華島事件)。雲揚はただちに反撃し、朝鮮の砲台を破壊し、江華島を占拠した。

日本は朝鮮に対し、賠償を求めない代わりに開国を要求し、「日朝修好条規」を締結させた。」(297ページ)

百田氏はこのようにできごとの流れを大まかに述べていますが、朝鮮が日本に開国させられた事情が理解できるでしょうか。これだけでは、次のような表面的な受けとめになってしまわないでしょうか。日本が何度も朝鮮に国交を求めたのに、朝鮮はそれに応じなかった。それどころか、朝鮮は江華島にやってきた日本の軍艦に対して砲撃を加えた。日本側がそれに反撃、勝利した結果、日朝修好条規が結ばれ、朝鮮の開国が実現した、と。日本側のていねいな外交に対して、朝鮮側の乱暴さを感じてしまう人もいるかもしれません。この問題を実態に即して、もう少し考えてみましょう。

まず百田氏が、日本が「李氏朝鮮に何度も国交を結ぶ要求をしていた」と述べているのは、朝鮮が日本の要求に応じなかったからですが、では、なぜ朝鮮は応じなかったのでしょうか。

当時、朝鮮で実権を握っていたのは国王の父、大院君《だいいんくん（テウォングン）》でしたが、欧米に対して強い姿勢で鎖国政策を取り続けていました。しかし江戸時代まで国交があった日本に対しては、別の問題がありました。それは当時の朝鮮が清と宗属関係（清が宗主国、李氏朝鮮がその臣下の朝貢国（属邦）という関係）にあったことに関わります。朝鮮が欧米に開国した日本と改めて国交を結ぶ上で、この宗属関係がどう関わるのかテレビ番組を通して見てみましょう。

「明治政府は朝鮮王朝に対して、王政復古を伝える外交文書を送ります。そこには天皇を示す文字が記されていました。これに対して朝鮮王朝が反発します。当時、朝鮮王朝は清に朝貢し、清の皇帝から王位を授かる宗属関係にありました。宗属関係では、中国の皇帝しか使えないとされる皇の文字、それを日本が使ったことを問題視したのです。（以上、ナレーション）

「西洋に対して強い抵抗意識があったときに、日本が新しい形式の外交を求めてくると、それに対する反発や恐れが結びついて、日本とは従来の関係を続ければいいと朝鮮王朝は考えたのだと思います。」（ソウル市立大学教授チョン・ジェジョンさん）」（NHK「ETV特集 日本と朝鮮半島2000年 第10回〝脱亜〟への道」2010年1月放映）

日本と朝鮮との間には、江戸時代まで続いた朝鮮通信使の長い歴史がありました。すなわち、1398～99年に朝鮮国王と足利将軍との使節の交換が始まり、日本と朝鮮の間には対等の関係が結ばれていたのです。1592～98年の文禄・慶長の役（壬辰《じんしん》・丁酉《ていゆう》の倭乱《わらん》）、すなわち豊臣秀吉の朝鮮侵略の時期は中断しましたが、江戸時代に入った1607年に国交は回復し、1811年まで総計12回行われています。こうした流れを経て、19世紀後半に日本は明治時代を迎え、新たな国交を朝鮮と結ぼうとしたわけですが、上記のようにことは日本の思うように進みませんでした。日本と朝鮮がどのような国交関係を築くかは、双方の合意の上で進めていけばいいことですが、1873（明治6）年、日本政府には武力で朝鮮に開国を迫る西郷隆盛らの征韓論が生まれます。この征韓論は結局、岩倉使節団に参加して帰国した大久保利通らの強い反対によって実現しませんでしたが、その2年後、「日本の軍艦が朝鮮に砲撃される」江華島事件が勃発します。

では次に、この江華島事件について実態を見てみましょう。ここでまず、朝鮮からの砲撃の前に考えたいことは、そもそもなぜ日本が「朝鮮半島の江華島に軍艦『雲揚』を派遣した」のかということです。他国の軍艦が突然自国の領土に現れるというのは、決して穏やかなことではありません。日本自身もこの22年前に、アメリカの「黒船来航」で身をもって経験してきたことですが、今度はその日本が朝鮮に軍艦を派遣したのです。その理由もふくめて、江華島事件の実態を先に紹介したテレビ番組のナレーションで確認してみましょう。

「雲揚はなぜ戦闘に及んだのか。日本政府が発表したおよそ1500字の文書です。それによれば、目的は航海研究でした。雲揚は水を補給するためにカンファド（江華島）に近づいたと繰り返し記しています。さらに国旗を掲げたにもかかわらず、撃ってきたこと、そして戦闘の規模は小さかったことが報告されています。

ところがこの公式報告とは異なる別の記録があることが近年明らかになりました。雲揚が朝鮮半島での活動を海軍に伝えた報告集、そのなかに事件の詳細な記録が綴じられていました。記したのは雲揚の艦長井上良馨《よしか》海軍少佐です。井上艦長の内部報告は、公式報告のほぼ2倍、3000字を超える詳細なものでした。

この内部報告によれば、雲揚は1875年9月20日の朝、カンファドに向かいました。島の様子を探るため、ボートでチョジジン（草芝鎮）に近づいたそのとき、突然大小砲が乱射されます。日本軍は小銃で応戦しますが、さらに激しく攻撃され、雲揚へと引き返します。翌21日、雲揚はここで初めて国旗を掲げます。井上艦長は『本日戦争を起こす』と乗組員に告げます。再びチョジジンに近づき、雲揚から砲撃を開始、それより戦争がはじまり、互いに攻撃し合います。午後になると、近くの島に上陸し、砲台を焼き払います。この報告は公式報告書には記されていません。翌22日、カンファドの南のヨンジョンド（永宗島）へ向かいました。ヨンジョンドには侵入を防ぐため、土塁や砲台が築かれていました。
『日本軍は上陸して建物や施設を燃やし、退却しました。』（インチョン市立博物館ペ・ソンスさん）
戦闘が終わると、井上艦長も上陸、大砲36門をはじめ小銃、弾薬、太鼓や銅鑼にいたるまで押収しました。戦闘は3日間にわたっていました。」（NHK前掲番組）

何より驚くのは、江華島事件の報告文書が二つあることです。一つは事件現場の中心人物、井上艦長が海軍に報告したもともとの内部報告書、もう一つはそれを訂正し、半分に縮小した海軍の公式報告書で、こちらが欧米に向けて公表されました。前者の内部報告書が実態を反映しているのは明らかですが、それは長らく報告集のなかに埋もれ、日の目を見ませんでした。

公式報告書とは異なり、内部報告書では、雲揚は「水を補給するため」ではなく、「島の様子を探るため」にカンファドに向かい、チョジジンには国旗を掲げずボートで近づいています。国旗を掲げたのは翌日、軍艦からチョジジンを砲撃する前のことです。つまり、雲揚は20日、朝鮮の領土のカンファドに向かい、さらに国旗を掲げず＝国籍を明らかにせず密かにボートでチョジジンに近づいて島の様子を探ろうとしていたのです。こうした実態があって、朝鮮側からの攻撃が始まったわけですが、そのような経緯は公式報告書も百田氏もまったくふれていません。

こうした雲揚の行動（「日本の軍艦雲揚が首都漢城近くの江華島で朝鮮を挑発した」（石井進ほか『詳説日本史B』山川出版社　２００６年）が、朝鮮との軍事衝突を誘発することになったのであり、明らかにこれは日本側の責任です。この行動が国際的に見て問題だという自覚は、日本にもあったのは明らかです。ほんの22年前、「黒船」を率いて江戸湾内に強行侵入したペリーに対して当時の日本、幕府は、「不法の致し方」だと抗議をくり返していたではありませんか。また、雲揚の行動が本当に正当なものと考えているのならば、現場責任者からの報告をわざわざ改ざんさせて、別の公式報告を作る必要などなかったはずです。韓国の研究者はこの点について次のように語っています。

「事件に関する報告書が二つあったという事実だけでも、日本が意図的に何かを隠そうとしたのではないかと思います。艦長は何か事件を起こすことで、両国間の沈黙を一度破ってみようと、それは結局アメリカが日本にしたような砲艦外交だったのでしょう。ですから、意図的に戦争を起こしたのだと考えます。」（前掲番組　東北アジア歴史財団研究委員　キム・ミンギュ）

日本の研究者も、雲揚と日本政府の動きについて次のように述べています。

「この雲揚号の軍船の無断河川遡航は国際法違反である。まして武装端艇は、ソウルへ入る

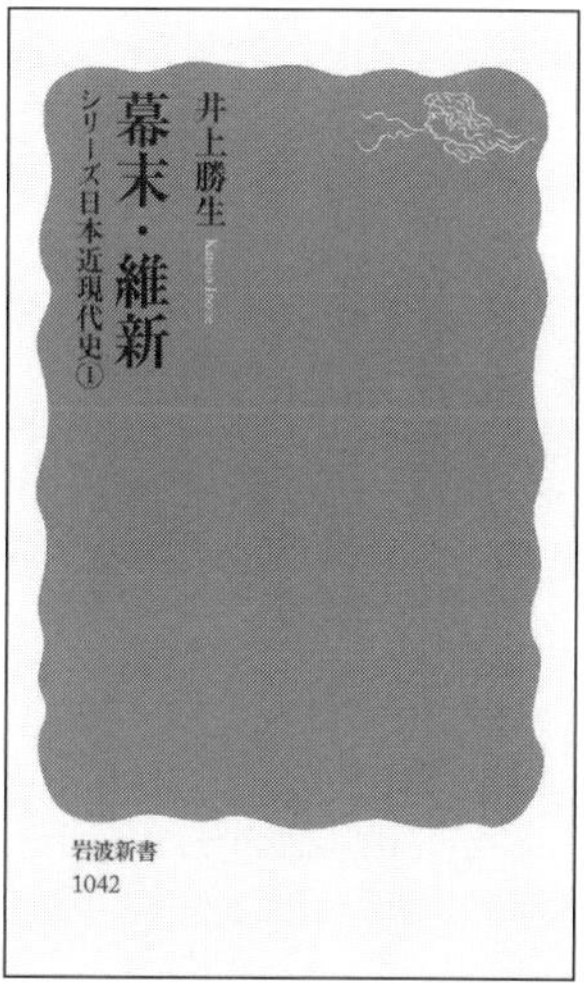

『シリーズ日本近代史①　幕末・維新』（井上勝生、岩波新書、2006年）

河をさらに遡航していた。これは砲撃を挑発したことになる。…雲揚号の武装端艇の初日の突然の行動は…無法な作戦行動以外のなにものでもない。つづく砲撃戦での陸戦隊を上陸させた城や民家の破壊作戦、朝鮮軍撃滅も、もちろん国際法違反である。

　事件には外務省も関与していたのである。ねらいは明確であった。欧米が後発国（半未開国）に結んだ不平等条約を朝鮮と結び、朝鮮を開国させることである。隣国朝鮮とは、江戸時代、対等外交をつづけていたのだが、その朝鮮を日本の後発国に引き下げようとしていた。」（井上勝生『シリーズ日本近現代史①　幕末・維新』岩波新書　２００６年）

　こうしたなかで「日本は朝鮮に対し、賠償を求めない代わりに開国を要求し、『日朝修好条規』を締結させた」のです。

日朝修好条規をどう見るか

　この日朝修好条規について、百田氏はどのように述べているでしょうか。

「この条約には、「日本の領事裁判権を認める」などの項目があり、日本が欧米列強と結んだ不平等条約を朝鮮に押し付けたものとなった。

現代的な視点で見れば、他国に対して不平等条約を押し付けたのは不当な行為ともいえるが、当時の国際感覚では普通の外交だった。国力と情報に劣る弱小国は、強い国の言い分を呑まされることになる。「ジャングルの法則」(the law of the jungle)とも呼ばれるこの「力の法則」を、日本は幕末から明治にかけて学んだのだった。」(297ページ)

日朝修好条規はまさに氏が述べている通りの不平等条約であり、日本は江戸時代までの朝鮮との対等な国交関係を捨てて、欧米との不平等条約による損失を、今度は日本が朝鮮に不平等条約を押し付けて補てんしようとしたものなのです。それは次の記述を見てもわかります。

「一八七六年二月に日朝修好条規が締結される。…朝鮮を自主国で『平等の権』をもつと規定し、清の宗主権を否認した。しかし内容は徹底的な不平等条約であり…日本は朝鮮に対して欧米と立場を同じくし、東アジアの小西欧として臨んだのである。…無関税によって朝鮮に対する日本の経済的侵略が圧倒的にすすんだ。日本商人は、イギリス綿布を中継輸出し、朝鮮から主に米穀を輸入し、清国の朝鮮貿易総量を凌ぐのである。」(井上勝生前掲書)

それにしても、長年、対等に国交関係を築いてきた隣国の朝鮮を無理やり開国させ、不平等条約を押し付けて自国の利益を確保しようとするこの日本の姿。私はこれも伊藤隆氏のいう「ありのままの日本」だと思うのですが、ここにどのような「日本人としての誇り」を持つことができるのでしょうか。また、このどこに百田氏のいう「幕末から明治にかけて」の「日本人の誠実さ、善良さ」（2ページ）があるのでしょうか。

アジアの国々に対する日本の姿勢

百田氏は、朝鮮が不平等条約を押し付けられるのも「当時の国際感覚では普通の外交」で、朝鮮のような「弱小国は、強い国の言い分を呑まされる」と述べています。百田氏が使った言葉を借りていえば、このような弱肉強食の「ジャングルの法則」がまかり通る時代にあって、「力の法則」を学んだ日本は、欧米列強を手本として力を振りかざし、やがてアジアの強国としてのし上がっていくことになります。その過程で、日本はどのような姿勢でアジアの国々と接していくのでしょうか。それは明治の啓蒙思想家として知られる福沢諭吉の以下に紹介する「脱亜論」（1885年3月16日の『時事新報』の社説）から見てとれるでしょう。

「わが国は隣国の開明を待って共にアジアを興《おこ》すの猶予あるべからず。むしろその伍《ご》（仲間）を脱して西洋の文明国と進退を共にし、その支那朝鮮に接する法も隣国なるが故に特別の会釈に及ばず、正に西洋人がこれに接するの風に従って処分すべきのみ。悪友を親しむ者は共に悪名を免かるべからず。われは心においてアジア東方の悪友を謝絶するものなり。」

福沢はかつて『学問のすゝめ』（1872～76年に出版）において「天は人の上に人を造らず、人の下に人を造らず」といって、人間の平等や国の対等を述べていました。また、自ら創設した慶應義塾に朝鮮から留学生を受け入れ、親日改革派を援助していました。しかし改革派の動きが失敗に終わるなか、上記のように、日本はアジアの国々から抜け出して西洋人の仲間入り（脱亜入欧）し、中国や朝鮮も遠慮なく西洋式に処分していく、また、アジアの国々を悪友と呼び、もうアジアの国々との友だちづきあいは断わると宣言するにいたります。日本はこの後、日清戦争（1894～95年）、日露戦争（1904～05年）、韓国併合（1910年）というように、世紀をまたいで戦争とアジアへの領土拡大につき進んでいくことになります。

（3）日清戦争と日露戦争をどう見るか

百田氏は日清戦争と日露戦争をどう見ているか

（2）で朝鮮の開国について見ましたが、百田氏はその朝鮮と関わって日清戦争（1894～95年）と日露戦争（1904～05年）をどう見ているでしょうか。とくに、日本がこれらの戦争を戦った理由をどう見ているでしょう。

「十九世紀の後半は、百年以上続いた西洋諸国によるアジア植民地争奪戦の最終段階を迎えていた。加えて列強同士の権益争いが始まろうとしていたのだ。

日本はその中で独立を保ったばかりか、凄まじい勢いで欧米列強を追いかけていく。…しかし、脅威は去ったわけではなかった。「遅れてきた列強」ロシアが、アジアで南下政策をとり、満洲から朝鮮半島に触手を伸ばしてきたからだ。もしロシアがその一帯をおさえれば、日本の安全は著しく脅かされることになる。

「日清戦争」と「日露戦争」という明治の二つの戦争は、まさに日本の安全確保、自衛のために行われた戦争であった。」（300ページ）

このように百田氏はロシアの「脅威」を強調し、日清戦争と日露戦争を「日本の安全確保、自衛のために行われた戦争」と位置づけています。そこに朝鮮がどう関係するかというと、百田氏はさらに次のように述べています。

「ロシアが南下政策をとり、満洲から朝鮮半島、そして日本を虎視眈々と狙っていた…そのため日本は自国の防波堤として朝鮮の近代化を望んだ。朝鮮半島が日本のように富国強兵に成功すれば、ロシアの南下を防ぐことができる。日本が李氏朝鮮を開国させた一番の理由はそれだった。」（306ページ）

日本が朝鮮を開国させたのは、ロシアの南下を防ぐためか

私たちはすでに（2）で、日本が江華島事件という軍事的挑発と軍事行動を起こしてまで朝

鮮を開国させ、日朝修好条規という不平等条約下に置いたのは、日本の経済的利益追求のためであることを見てきました。そしてそれは、百田氏自身の表現を借りていえば、日本が「凄まじい勢いで欧米列強を追いかけ」、「列強同士の権益争い」に早くも加わった、いや朝鮮に関しては一番乗りした（その後、英・米・独・仏などの欧米諸国が修好通商条約を結んでいる）ということでもありました。ですから、日本による朝鮮の開国は、ロシアに対する自衛という受け身の産物ではなく、日本自身の能動的な利益追求の結果なのです。

ところで、当時の日本とロシアと朝鮮との関係はどうだったのでしょうか。

「明治政府も、七四年に樺太放棄の方針を決めて、榎本武揚全権公使を派遣し、翌年五月にはロシアと樺太・千島交換条約を結んだ。…ロシア外交を安定させた明治政府の外務省官吏は、朝鮮に対して強硬姿勢に転じ…軍艦雲揚号ほかが釜山に相次いで入港、外務省官吏が送り込まれた。」（井上勝生前掲書）

その後、江華島事件が起こされ、朝鮮の開国へとつながっていくわけですが、このように現実の事態を確かめていくと、どういうことがいえるでしょうか。百田氏は、日本は「ロシアの南下を防ぐ」ため、「自国の防波堤として朝鮮の近代化を望んだ」、それが「日本が李氏朝鮮を開国させた一番の理由」と述べていますが、今、それを1876年、日本が朝鮮を開国させる時点に立って確かめてみましょう。

当時の日本は上に見たように、「ロシア外交を安定させ」ていて、少なくとも差し迫ったロシアの「脅威」を感じていたわけではありません。にもかかわらず、こうしたことをわざわざ朝鮮開国の理由にあげるのは、現実以上にロシアの「脅威」を誇張し、日本の動きをそれに伴う正当な行動として印象付けるためのものです。ロシアの東アジアでの南下政策が一段と進み、現実に中国東北部（「満州」）や朝鮮をめぐって日本とロシアの対立が深まっていくのは、1878（明治11）年にベルリン条約が結ばれ、ロシアのヨーロッパでの南下政策が挫折して以降（つまり、すでに1876（明治9）年に朝鮮が開国させられて以降）のことなのです。このベルリン条約以降のロシアの動きについては、百田氏自身も「「義和団の乱」の後…日本とロシアの間で、軍事的な緊張が急速に高まっていった」（313ページ）と述べています。

日清戦争は日本の自衛戦争か

開国後、朝鮮では日本と清の双方の影響のもとで、保守派と親日派の反乱が相次ぎ（1882年の壬午軍乱、1884年の甲申事変）、日清両国の朝鮮への出兵もあり、不安定な政治状況が続きました。こうしたなか、日清両国は1885年に、今後朝鮮に出兵する場合には、互いに事前通告するという天津条約を結びます。この9年後、日清戦争が起こりますが、高校の日本史の教科書では日清戦争の開始についてどのように記述しているでしょうか。

「1894（明治27）年、朝鮮で東学の信徒を中心に減税と排日を要求する農民の反乱（甲午農民戦争、東学の乱）がおこると、清国は朝鮮政府の要請を受けて出兵するとともに、天津条約に従ってこれを日本に通知し、日本もこれに対抗して出兵した。農民軍はこれを見て急ぎ朝鮮政府と和解したが、日清両国は朝鮮の内政改革をめぐって対立を深め、交戦状態に入った。…同年8月、日本は清国に宣戦を布告し、日清戦争が始まった。」（石井進ほか『詳説日本史B』山川出版社　2006年）

専門の歴史書ではなく教科書ですから、日清戦争開始までの大まかな流れの記述ですが、これをこのまま受けとめるだけではなく、ちょっと立ち止まって、いくつかのことを考えてみましょう。また、教科書に書かれていないところは、史実を確認してみましょう。

一つ目は、朝鮮の姿勢です。農民軍と和解した朝鮮政府は、出兵してきた清軍や日本軍にどう対応したのでしょうか。また、「日清両国は朝鮮の内政改革を巡って対立を深め」とありますが、まず朝鮮自体は内政についてどういう姿勢を持っていたのでしょうか。これらの疑問は、1894（明治27）年7月20日に日本の大鳥公使が朝鮮政府に行った2件の照会に対する朝鮮政府の回答を見ればわかります。それは、乱は治まったので日清両軍は撤兵、朝鮮の改革は自主的に実施するというものでした。

二つ目は、朝鮮に出兵してきた清と日本の姿勢です。朝鮮からの撤兵要請に対して両国はどう対応したのでしょうか。

当初、朝鮮からの出兵要請を受けた清の李鴻章は、総数2500名を派兵しましたが、日

『シリーズ日本近現代史③　日清・日露戦争』（原田敬一、岩波新書、2007年）

本に対しては次の姿勢を示しています。

「清国政府は、戦争回避のメッセージを日本に送り始める。七日、李鴻章は、『李よりは京城へ出兵せざるにつき、日本兵は仁川より先きへは進むべからざる事』など六カ条を挙げ、戦争と衝突回避へ向け、伊藤首相らが努力することを荒川巳次天津領事に求めた。」（原田敬一『シリーズ日本近現代史③日清・日露戦争』岩波新書　2007年）

一方、日本は歴史上最初の戦時大本営を設置して、清を上回る兵員を朝鮮に送りましたが、現地で立ち往生します。そして、どうするでしょうか。

「農民軍は全州和約の成立で解散したため、日本軍四〇〇〇名の駐兵を続ける合理的な理由がなくなった。大鳥公使は、欧米諸国公使の疑惑と圧迫の中で、清国・朝鮮国両方からの撤兵要求に迫られていた。相次ぐ大鳥公使の派兵中止要請に対して、六月一三日陸奥外相は『もし何事をも為さず又は何処へも行かずして終に同処より空しく帰国するに至らば、甚だ不体裁なるのみならず、又政策の得たるものにあらず』と、漢城に進出した軍隊が『何事』をか為すこ

とを強く求めた。」（原田敬一前掲書）

このように「戦争と衝突回避」の姿勢の清に対して、戦時大本営まで作って大々的に兵を送り出し、「軍隊が『何事』か為すことを強く求めた」日本。こうした違いのある両国は、朝鮮の撤兵要請にどう対応したでしょうか。歴史研究者の中塚明氏は次のように述べています。

「朝鮮政府も日・清両軍の撤兵を公式に求め、清国も天津条約にもとづいて両軍の撤退を主張しました。

しかし、清国との戦争準備をととのえてきた日本政府は、なんとかこの機会に、朝鮮から清国の勢力を追い出し、あわせて折から国内で高まりつつあった反政府の世論を一気に外に向けようとしたのです。

そこであらゆる口実を設けて撤兵に反対し…開戦に動きます。清国軍が朝鮮に駐留しているのは、『朝鮮は自主の邦』とした日朝修好条規（1876年）違反である。日本軍が清国軍を朝鮮から追い出すから、朝鮮国王は日本政府へ公式の依頼文を出せとせまり、1894（明治27）年7月23日早朝、日本軍が朝鮮王宮（景福宮）

『中学生の疑問に答える日本史・歴史教科書の争点50問50答』（歴史教育者協議会・編、国土社、2003年）

を占領します。そして牙山の清国軍を攻撃するために南下したのです。王宮占領は日本軍の出兵以来、最初の武力行使でした。日清戦争はこうして始まりました。」（歴史教育者協議会・編『中学生の疑問に答える日本史・歴史教科書の争点　50問50答』国土社　２００３年）

以上のように、日清戦争は百田氏がいうロシアの「脅威」から「日本の安全確保、自衛のために行われた戦争」ではなく、朝鮮を名実ともに清から切り離し、日本の影響下におくための戦争でした。それにともなう朝鮮の独立や「近代化」はあくまで手段にすぎず、日本の目的は、清に邪魔されず朝鮮から利益を追求できるようにすることだったのです。

大韓帝国　〜ロシアと日本の間で〜

日清戦争後の朝鮮について、百田氏はどのように述べているでしょうか。

「李氏朝鮮は、日清戦争での日本の勝利によってはじめて独立を果たし、明治三〇年（一八九七）、大韓帝国となっていた。

清を破って自国を解放してくれたことで、大韓帝国内では親日派が台頭したが、日本が三国干渉に屈したのを見ると、今度は親日派に代わって親ロシア派が力を持った。いかにも朝鮮らしい事大主義（強い他国に従っていくという考え方）の表われである。常にその時代にもっとも強い国にすり寄っていく、この独特の姿勢には、自国のことを自国で決めるという独立の精

神が微塵も見られない。」（312～313ページ）

このように氏は、大変乱暴な朝鮮観をここで披露していますが、「自国のことを自国で決めるという独立の精神が微塵も見られない」という論がいかに事実に反しているかを確認しましょう。

先にもふれたように、1894（明治27）年7月20日の大鳥公使からの照合に対して、朝鮮政府は日清両軍の撤兵と朝鮮の改革は自主的に実施すると回答しています。百田氏のいう「独立の精神」は、ここにはっきりと示されています。それに対して日本は、同年7月23日に王宮を占領し、国王に圧力をかけて清軍への攻撃の口実を引き出したではありませんか。この日本軍の動きを一言でいえば、「朝鮮王宮ニ対スル威嚇的運動」（参謀本部で書かれた『日清戦史』の草案の章の題名。詳しくは中塚明『歴史の偽造をただす　戦史から消された日本軍の「朝鮮王宮占領」』高文研　1997年　参照）です。このように歴史を事実にもとづいてたどっていけば、朝鮮に「独立の精神」がないのではなく、それを日本が軍事力をもって威嚇し、踏みにじったことがわかるのです。

『歴史の偽造をただす』（中塚明、高文研、1997年）

さらに百田氏は、続けて次のようにも述べています。

「しかも驚くべきことに、親ロシア政策をとった高宗（大韓帝国初代皇帝）は、漢城（現在のソウル）にあるロシア領事館に匿われて政治を行っていた。どこの国に、自国内にある他国の領事館に住んで政治を行う国家元首がいるだろうか。」（313ページ）

ここでは、まず大韓帝国の皇帝である高宗がなぜロシア領事館にいるのかを考えることが大切だと思います。この異常な事態は、その前にさらに異常な事態があって引き起こされているのですが、百田氏はそのことにはまったくふれていません。それは歴史上、閔妃《びんひ(ミンヒ)》殺害事件（あるいは閔妃暗殺事件、閔妃虐殺事件）といわれる事件です。

『大日本帝国の時代　日本の歴史8』（由井正臣、岩波ジュニア新書、2000年）

「日清戦争は、朝鮮の支配を目的とした戦争だった。ところが三国干渉がおこると、朝鮮政府内では閔妃を中心にロシアに接近する勢力が力をえてきた。このため、朝鮮公使の三浦梧楼は、漢城の公使館員や日本軍人と図って、一八九五（明治28）年十月八日、三度大院君を擁してクーデタを強行した。日本守備隊や公使館員らは王宮に侵入し、閔妃や宮内大臣を惨殺し、死体を焼き捨てるという暴挙をはたらいた。

この事件をきっかけに、朝鮮民衆の反日意識はたかまり、各地に反日義兵闘争がひろがった。翌九六年二月には、国王の高宗はロシア公使館に移り、親日派の大臣は殺害され、親露派の内閣が成立してロシアの影響力がいっきょに強まった。」（由井正臣『大日本帝国の時代　日本の歴史8』岩波ジュニア新書　2000年）

日本の公使館と軍が結託し、力ずくで朝鮮の統治者を日本に都合よく入れ替えようとして王宮に侵入し、皇后を惨殺、焼却するという暴挙に対して、国王がロシアを頼り、ロシア公使館に身を移したのは当然のことでしょう。そしてこの異常な事態を起こしたのは、ほかならぬ日本であったのです。自らに原因があり、それが不都合なことであればふたをする、それどころか、その結果だけをとらえて相手を揶揄する（皮肉を言ってからかう）、このような姿勢からは歴史の本当の姿は見えてきません。

日露戦争は日本の自衛戦争か

百田氏は日露戦争の開戦までの経緯をどのように述べているでしょうか。

「「義和団の乱」の後…各国が満洲から軍隊を撤退させたにもかかわらず、ロシアだけは引き揚げず、さらに部隊を増強して事実上満洲を占領した。…日本は、万が一、戦争になったときのことも考え、明治三五（一九〇二）年、イギリスと同盟を結んだ（日英同盟）。…日本とイギリスの同盟締結を知ったロシアは、同年、満洲を清に返すという条約を結ぶ。…ロシアは翌明治三六年（一九〇三）、この約束を反故にした。しかし大国ロシアに勝てる可能性は低いと考えていた政府は、ぎりぎりまで外交交渉で戦争を回避する道を模索した。そしてロシアに対し、「満韓交換論」を提案する。これはロシアの満洲支配を認める代わりに、日本の朝鮮支配を認めてくれというものだった。ところがロシアはその提案を蹴った。これはロシアがいずれ朝鮮半島に進出する意思ありと言ったも同然だった。…明治三六年（一九〇三）、ロシアは旅順に極東総督府を設置し、日本を挑発しつつ、南下政策を内外に誇示した。」（３１３～３１４ページ）

この後、１９０４（明治37）年2月4日の御前会議で日露国交断絶が決定、6日にそれがロシアに告げられると、同月8日には日本の駆逐艦からロシアの旅順艦隊への攻撃がなされて日露戦争が始まった、と百田氏は続けています。

以上のことをふまえ、日露戦争は百田氏の言うように「まさに日本の安全確保、自衛のために行われた戦争」（３００ページ）だったのかどうか、史実に沿って確かめてみましょう。

まず、百田氏は戦争前のロシアとの交渉で、日本が「満韓交換論」を提案していることを述べていますが、まさにこの「ロシアの満洲支配を認める代わりに、日本朝鮮支配を認めてくれ」という提案を日本がしていることこそ、このあと起こる日露戦争の争点が満洲と朝鮮の支配であったとはっきり示しています。ここでも「凄まじい勢いで欧米列強を追いかけ」、「列強同士の権益争い」（300ページ）にアジアの強国として自ら参加する日本の姿を見ることができます。原田敬一氏は「ロシアの利権を黙認する代償に韓国を確保する、という考え方には、ロシアの満州占領は日本の危機である、という後の日本が大義名分とする判断はない。」（原田敬一前掲書）と述べています。

そもそも日本は、清や大韓帝国の主権を全く無視してロシアと「満韓交換論」の立場で交渉しているのですが、日露の対立の間に立たされた大韓帝国はどのような状況にあったのでしょうか。歴史教育の実践者、研究者の安井俊夫氏は次のように述べています。

「韓国は…戦争の危険が迫った1904年1月、『中立』を宣言して、そのことを各国政府に通知しました。…日本はすぐに韓国の中立を阻止する動きに出ました。ロシアと戦うには、韓国で日本軍隊が自由に動く必要がありますが、中立国になってしまうと、そこで他国の軍隊は行動できません。日本はすぐさまソウルに軍隊を送り込みました。…韓国の首都は1個師団に近い日本の大兵力により制圧され、韓国の中立はひとたまりもなく崩れ去りました。日本はさらに、韓国に協定（日韓議定書）を結ぶことを強要しました。この協定は、韓国政府は常に日本の『忠告』を受け入れること、日本が韓国領土の中で自由に行動できるように必要な便宜をはかること、などを内容とするもので、日本に従属を強いるものでした。これに基づいて日本軍は、さらに兵力を4万に増強して…韓国領土内で大兵力が行動するため、民衆から食料や輸送のための人夫が徴発され、土地が軍隊に収容されました。…日本はその後、韓国の外交権を奪い…韓国は、独立国としての実態をしだいになくしていくことになります。」(歴史教育者協議会・編国土社前掲書)

このように日本の外交方針（満韓交換論）や、ロシアが日本の領土に侵入や攻撃をしたわけでもないのに、国際的に中立を宣言していた大韓帝国に日本が武力を行使し、従属を強要した協定の内容、実態を見れば、日露戦争が防衛戦争ではなかったことは明らかです。安井氏は上記の論述の最後で、日露戦争を次のように結論づけています。

「日露戦争は日本がロシアの領土を、ロシアが日本本土を侵略する（他方がこれを防衛する）戦争ではなく、韓国・満州の支配をめぐって両国が争ったものです。防衛戦争だという見方は、ロシアに対する感情であって、歴史事実は両国の韓国・満州への侵略戦争であったことを物語っています。ポーツマス条約で日本が満州（遼東半島や満州鉄道など）と韓国の支配権を確立したのは、その具体的なあらわれです。」(歴史教育者協議会・編国土社前掲書)

また、歴史研究者の井口和起氏は日露戦争について次のように述べています。

「この日露戦争は朝鮮と中国東北地域を戦場にした、日本とロシアの侵略の野望を争った戦

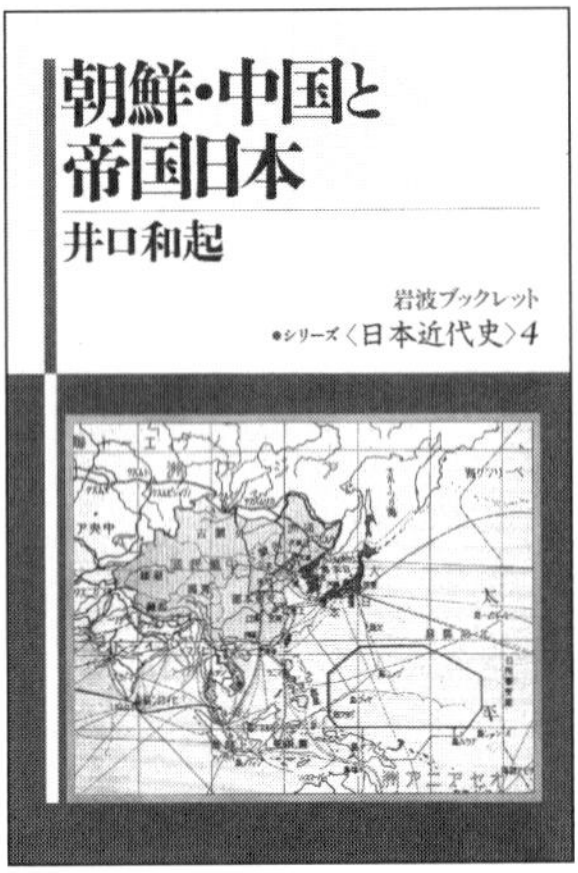

『シリーズ日本近代史④　朝鮮・中国と帝国日本』（井口和起、岩波ブックレット、1995年）

争である。…この戦争を通じて日本は、大韓帝国の『厳正中立』の宣言をまったく無視して、まず朝鮮半島全域を完全に軍事的な支配下におき、つぎつぎと条約をおしつけ、韓国の『併合』にいたる政策を実行に移していった。また、ロシアにかわって占領した中国東北地域でも『占領地』として軍事支配をおこなった。」（井口和起『シリーズ日本近代史4　朝鮮・中国と帝国日本』岩波ブックレット　1995年）

（４）富国強兵の結果が大正デモクラシー？

でっちあげだった大逆事件

『日本国紀』には自由民権運動のことは、ほとんど載っていません。国家（支配者）の動き中心の歴史叙述だからです。明治末期に起こった足尾銅山鉱毒事件や、幸徳秋水らが無実の罪で刑死した大逆事件についてもまったく書かれていません。日本の公害反対運動の原点である足尾銅山鉱毒事件や、社会運動「冬の時代」の到来をもたらした大逆事件は、ほとんどの中高の歴史教科書に写真入りで紹介されているにもかかわらず…。

幸徳秋水が死刑になったのは、1911（明治44）年1月末。前年に管野須賀子らとともに逮捕され、天皇暗殺を企てたという罪（大逆罪）で死刑になったのです。この事件は大逆事件といいますが、別名「幸徳事件」とも称されるように、幸徳秋水が首謀者とされました。しかし現在ではでっちあげだったことがわかっています。大逆事件で社会運動を取りしまり、韓国併合が強行されたのです。大逆事件以後、日本では社会運動が息をひそめ、「冬の時代」ともいわれました。

2000年、当時の中村市議会（現在の四万十市市議会）は「幸徳秋水を顕彰する決議」を全会一致で採択しました。大逆事件で処刑された12人のうちの1人、和歌山県新宮市出身の大石誠之助（医師）は、2017年の新宮市議会決議により、名誉市民となっています。このように、今でも大逆事件の顕彰が続いているのです。

貧弱な大正デモクラシーの記述

さすがに大正デモクラシーについては、百田氏も書かざるを得なかったようで、『日本国紀』では次のようにさらりと紹介されています。

「大正時代には市民運動も盛んになり、経済成長を背景に工場労働者が急増したことを受けて全国で労働組合も組織され、大正十一年（一九二二）には、部落解放を掲げた「全国水平社」も組織された。女性の地位向上のための婦人運動も活発になる。こうした自由な空気と民主制

への流れは「大正デモクラシー」と呼ばれた。」（347〜348ページ）

『日本国紀』には平民宰相と呼ばれた原敬のことはありますが、吉野作造の民本主義や、軍隊まで動員して弾圧した米騒動（1918年）のことは出てきません。とりわけ米騒動は、全国で70万人が参加した大事件であり、寺内内閣が吹っ飛ぶほどの広がりを示したできごとでした。大正デモクラシーは、大日本帝国憲法の制定で不十分なものに終わった立憲主義を再度実現しようとする側面もありました。

1920（大正9）年に労働者の祭典である第1回メーデーが日本でも開催され、翌年には日本労働組合総同盟が、22年には日本農民組合や日本共産党、全国水平社が結成されました。1911（明治44）年に平塚らいてうが創刊した文芸雑誌「青鞜」は女性解放運動のさきがけとなりました。また、平塚らいてうと市川房江の設立した新婦人協会は参政権の要求などを掲げ運動を展開しました。

富国強兵の結果、国民は娯楽や愉しみを享受？

『日本国紀』にはしばしば、国家が発展すれば、国民も豊かになるという叙述がみられます。

「明治維新からひたすら富国強兵に励んできた日本であったが、大正時代になってようやく国民が娯楽や愉しみを享受できるようになった。」（348ページ）

富国強兵に励んだ結果、国民は娯楽や愉しみを享受できるようになったのではなく、時には命まで奪われながら、国家と対峙するなかで生活改善を勝ち取ってきたのです。国家が自動的に娯楽や愉しみを与えるのではありません。普通選挙権獲得ための普選運動については、中学校歴史教科書『ともに学ぶ人間の歴史』がいきいきとその運動の様子を伝えています。

「1920（大正9）年、東京の国技館で、普通選挙権を求める集会が開かれ、労働者や学生3万人が集まりました。集会後のデモ行進は5万人にふくれあがります。『人びとは「奴隷から人間へ」』『われわれに選挙権をあたえよ』と叫びながら行進しました。
大阪で開かれた集会では、労働組合が中心になり、『人格をもち、生産者である労働者は、選挙権をもつべきである』と宣言します。このような集会やデモ行進は、全国の各地で盛んに行われました。」（学び舎『ともに学ぶ人間の歴史』）

普通選挙法（男子のみ）と同時に成立した治安維持法は、天皇制を批判したり、社会主義的な思想を広めたりすることを取り締まるものでした。1917（大正6）年のロシア革命で皇帝が倒されたことに、日本政府は大きな脅威を抱いていたからです。高校日本史授業補助教材『詳説 日本史図録』（山川出版社 2017年）には「治安維持法第1条にある『国体ヲ変革』とか『私有財産ヲ否認』が意味するものは、天皇制の打倒と資本主義体制の否定である。普選法の成立と日ソ基本条約締結による日ソ国交樹立が社会主義・共産主義の拡大を促すことを恐れたのである。しかし、衆議院議員星島二郎の演説にあるように、『結社』の組織・加入を犯罪行為とし、思想まで弾圧するこの法律はまったく新しい弾圧法となった」と書かれています。

大正時代の文学について、中学歴史教科書（帝国書院）は「文学では、人道主義の理想をかかげる志賀直哉らの白樺派をはじめ、谷崎潤一郎や芥川龍之介などの作品が、人々に親しまれました。労働者や農民の立場で社会問題を描く、小林多喜二らのプロレタリア文学も生まれました」と記しています。『日本国紀』にはどの中高教科書にも載っている小林多喜二とプロレタリア文学の記述は見当たりません。百田氏の言うような「娯楽や愉しみ」だけではなく、社会に積極的にかかわる文学などの芸術の登場もまた、大正デモクラシーの一つのあらわれなのです。

治安維持法に反対した衆議院議員山本宣治が右翼に暗殺された場所（東京都千代田区神田神保町）には、2019年3月に千代田区により記念プレートが設置された。

（5）関東大震災で起きた朝鮮人虐殺

韓国の人々への悪意を煽る

①「今、〇〇人は世界で嘲笑され、馬鹿にされています。それは他の国の人々の目から見れば、

信じられないほど愚かで分別がなくモラルに欠ける行動をしているからです」（２０１７年６月）

②「はっきり言います！○○という国はクズ中のクズです！もちろん国民も！」（２０１９年１月３日）

この言葉の○○には国の名前が入ります。もし、ここに「日本」と入っているとすれば、みなさんはどう思いますか？　たとえ日本でなくても、国やその国の国民に対して使っていい表現ではありません。

実はここに入る国名は「韓国」です。①は２０１７年６月に飛鳥新社から百田尚樹氏が出版した『今こそ、韓国に謝ろう』の中の一文です。そして②も百田氏のツイッターに彼が書いたものです。百田氏は『日本国紀』の作者でもあり多くのベストセラーを出しています。このような影響力を持った人物の著作や発言だけに、人々に与える影響が心配です。

特に、昨今は、日本と韓国の政治状況は非常に悪化しています。徴用工問題や「慰安婦」に関する日韓合意問題、自衛隊機へのレーダー照射問題など立て続けに報じられるニュースや政府発表を見ても、韓国を過剰に敵対視するかのような気配を感じます。まるで韓国へのヘイトをまき散らしているようです。百田氏の発言はそんなムードをますます煽っています。

「今日の東京を見ますと、不法入国した多くの三国人、外国人が非常に凶悪な犯罪を繰り返している。」（２０００年４月９日）

この言葉を覚えている方は少ないかもしれませんが、当時東京都知事だった作家の石原慎太郎氏が自衛隊の災害出動演習の時に言った言葉です。ここに登場する三国人とは、日本の敗戦後に使われた、朝鮮人、台湾人をさす非常に差別的な言葉です。百田氏もこの言葉の由来を「「戦勝国、敗戦国いずれでもない第三国の国民」という意味の終戦処理に伴う行政用語で…戦後の動乱期における一部の朝鮮人の悪行に眉をひそめた日本人が、悪感情を込めて「三国人」と呼んだことから、いつしか差別語の一つと捉えられるようになった」（435ページ）としています。差別的な言葉であるという認識はあるようです。

ところが百田氏は、三国人を説明する同じところで「不逞朝鮮人」なる言葉を使っています（434ページ）。この文字を見たとき、背筋に悪寒が走りました。それは、関東大震災の時に悪事をたくらむ朝鮮人を指して使われた言葉だからです。「不逞鮮人」と呼ばれる朝鮮人たちが、大震災のどさくさに紛れて井戸に毒を入れたり、日本人を襲撃するといったデマが広がり、多くの朝鮮人が虐殺されました。「不逞朝鮮人」といった言葉は今や使われることはありません。しかし、それを百田氏が「」を付けることもなく使っていることに、彼の朝鮮の人々を見る感覚が関東大震災のときに「不逞鮮人」と呼んだ人々と同じような気がしてならないのです。石原氏には韓国の人たちだけでなく女性などに対しても差別的な発言が多くありました。石原氏は過去の人になりましたが、今こういった発言で世の中を最も騒がせている代表的な人が、百田氏といってもいいでしょう。

関東大震災と朝鮮人虐殺

震災の記憶といえば、阪神淡路大震災（1995年1月17日）や東日本大震災（2011年3月11日）などを忘れることができません。しかし、歴史的には、1923（大正12）年9月1日に起きた関東大震災は、地震による大規模災害とともに恐るべき虐殺を引き起こした消し去りがたいものとして記憶されるべきものです。百田氏はこの震災について以下のように書いています。

「この震災直後、流言飛語やデマが原因で日本人自警団が多数の朝鮮人を虐殺したといわれているが、この話には虚偽が含まれている。一部の朝鮮人が殺人・暴行・放火・略奪を行ったことは事実である。（警察記録もあり、新聞記事になった事件も非常に多い。ただし記事の中にはデマもあった）。中には震災に乗じたテロリストグループによる犯行もあった。司法省の記録には、自警団に殺された朝鮮人犠牲者は二百三十三人とある。（その他に中国人が三人、朝鮮人と間違われて殺された日本人が五十九人）。一般にいわれている朝鮮人の犠牲者約六千人（東京都墨田区横網の横網町公園にある「関東大震災朝鮮人犠牲者追悼碑」にもそう彫られている）は正しくない。韓国政府は「数十万人の朝鮮人が虐殺された」と言っているが、これはひどい虚偽である。震災当時、日本全国にいる朝鮮人は八万六百十七人であった。しかも震災の翌年には、十二万二百三十八人の朝鮮人が日本に渡航している。多くの同胞が虐殺されたところへ、それほど大勢が渡ってきたことはどう考えても解せない。あまりの多さに渡航制限が

かけられたほどなのだ。いずれにせよ、不幸な事件であったことはたしかである。」（349～350ページ）

この記述については、『九月、東京の路上で　一九二三年関東大震災　ジェノサイドの残響』（ころから　2014年）の著者・加藤直樹氏によっていくつかの誤りが指摘されています（「百田尚樹氏『日本国紀』の「朝鮮人虐殺」記述の過ち」（加藤直樹、アジアプレス・ネットワーク　2019年4月10日配信）。加藤氏の指摘を以下に要約します。

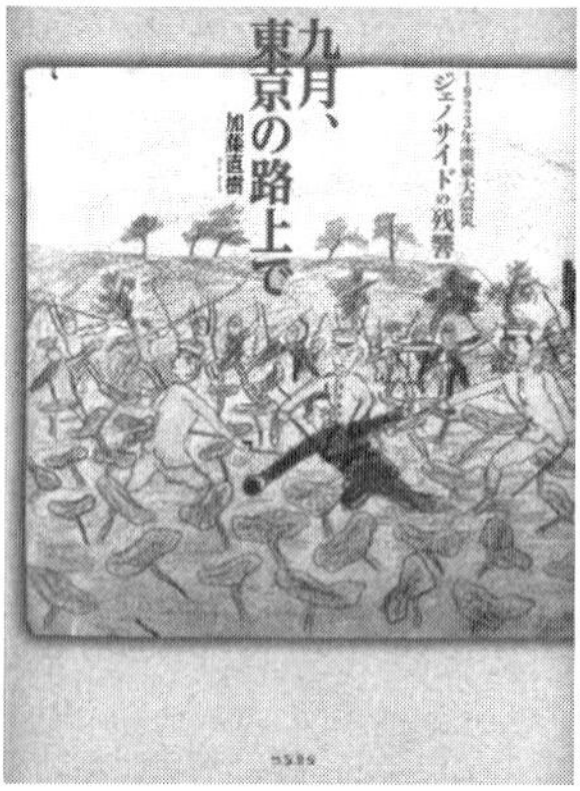

『九月、東京の路上で』（加藤直樹、ころから、2014年）

震災時に「一部の朝鮮人が殺人・暴行・放火・略奪を行ったことは事実」については、百田氏も挙げている司法省報告（『震災後に於ける刑事事犯及之に関連する事項調査書』、1923年11月）に記述されています。震災時に刑事犯罪によって起訴された朝鮮人は12人。同年10月に発せられた外務省の文書は起訴の内訳を窃盗・横領の類が10件と、爆発物取締罰則違反と銃砲火薬類取締法施行規則違反が各1件と記していますが、「殺人・暴行・放火」による起訴は確認されていません。

そして、起訴内容も窃盗・横領などが10件とありますが、当時の東京区裁判所管内での窃盗件数4400件余りに比して、朝鮮人の窃盗が特に多かったとは言える数字ではありません。また、爆発物取締罰則違反で捕まった人物も、人に危害を加える意図はなかったと判決で認められています。当時、横浜に派遣された奥平俊蔵・陸軍中将は、「朝鮮人が強盗強姦を為し井戸に毒を投げ込み、放火その他各種の悪事」を行ったという流言について調査した結果、「ことごとく事実無根」だったと結論を出しています。ちなみに横浜の税関倉庫では大規模な「略奪」が行われましたが、それを行ったのは武装した者も含む日本人たちでした。また朝鮮人や朝鮮人と間違えて日本人や中国人を殺傷して起訴された日本人の数が566人に上ることも指摘されています。これらの記録は中央防災会議災害教訓の継承に関する専門調査会『1923関東大震災【第2編】』(2009年)によるものですが、朝鮮人虐殺についてはインターネット上でも読むことができます。(http://www.bousai.go.jp/kyoiku/kyokun/kyoukunnokeishou/rep/1923_kanto_daishinsai_2/index.html)

次に百田氏は、新聞記事が朝鮮人の犯罪を伝えていると書いています。どうだったのでしょう。

震災当時、新聞社も焼け落ち、すさまじい大混乱の最中に新聞記者と言えどまともな取材が行える状況だったとは考えられません。混乱する情報の中で、当時の記事には「伊豆諸島すべて沈没」「富士山爆発」「品川が津波で壊滅」といったとんでもない偽情報もありました。そして、「屋根から屋根へ鮮人が放火して廻る」(『新愛知新聞』1923年9月4日号外、加藤直樹『トリック「朝鮮人虐殺」をなかったことにしたい人たち』ころから　2019年)など、朝鮮人関連のものもまことしやかに書かれていました。当時、警視庁には無数の未確認情報の流言が飛び込んできました。後に読売新聞の社主となる、当時警視庁の要職にあった正力松太郎氏の言葉を紹介しましょう。

「不逞鮮人の一団が神奈川県川崎方面より来襲しつつあるから至急帰庁せよとの伝令が来まして…急ぎ帰りますれば警視庁前は物々しく警戒線を張っておりましたので、私はさては朝鮮人騒ぎは事実であるかと信ずるに至りました。…しかるに鮮人がその後なかなか東京へ来襲しないので不思議に思うておるうちようやく夜の10時ごろに至ってその来襲は虚報なることが判明いたしました。この馬鹿々々しき事件の原因については種々取沙汰されておりますが、要するに人心が異常なる衝撃をうけて錯覚を起し、電信電話が不通のため、通信連絡を欠き、いわゆる一犬虚に吠えて万犬実を伝うるに至ったものと思います。警視庁当局として誠に面目なき次第であります。」(正力松太郎「米騒動や大震災の思い出」『悪戦苦闘』早川書房　1952年)。

正力氏自身、朝鮮人が来襲するという知らせはデマであり、警察がそれを信じたことを書いています。彼はこの回想にあるように流言を信じこみ、「災害時に乗じ放火其他狂暴なる行動に出つるもの無きを保せず、…就ては此際之等不逞者に対する取締を厳にして警戒上違算なきを期せらるべし。」という命令を警視庁の各署宛に出し、警察官たちは「上からの情報だ」と、結果としてこの流言の拡散に加担していったのです。そして、9月2日には、事実誤認に基づいて戒厳令が発令されました。朝鮮人の暴動の鎮圧を命じられた軍が各地に派遣され、地元で結成された自警団らとともに、多数の朝鮮人を殺害する悲劇が起きたのです。

しかし、3日になると警視庁は急告として、「不逞鮮人の妄動の噂盛なるも、右は多くは事実相違し訛伝に過ぎず、鮮人の大部分は順良なるものに付濫りに之を迫害し、暴行を加ふる等無之様注意せられ度し」というビラを配布し、新聞社に対しても「朝鮮人の妄動に関する風説は虚伝にわたること極めて多く…朝鮮人に関する記事は特に慎重に御考慮の上、一切掲載せざるよう」にとの警告を発しました。つまり、震災発生当時の新聞記事は、朝鮮人の暴動を伝えるものとしてではなく、混乱期の流言を伝えるものとして、今では認知されている史料なのです（加藤直樹『九月、東京の路上で』ころから　2014年）。百田氏は、史料の解釈を間違っています。

次に、「震災に乗じた朝鮮人テロリストグループによる犯行もあった」（349ページ）とありますが、これも司法省報告は、政治的なテロ活動の存在について否定しています。警視庁の震災総括『大正大震火災誌』（1925年）は、「(朝) 鮮人に関する流言は概ね虚伝」だったと記述しています。

また、百田氏は司法省報告にある虐殺死者数として233人という数字を挙げています。これはあくまで刑事事件として立件された53件で殺害された人の合計であって、実際の数ではありません。当時の政府の方針は、殺害に関わった人々をすべて検挙することによって、政府や警察、軍などへの責任追及の矛先が向かうのを恐れていたため、なるべく起訴を制限していたのです。しかも、起訴された人々もほとんどが執行猶予付きの判決で釈放されています（『在日朝鮮人　歴史と現在』水野直樹・文京洙、岩波新書　2015年）。

虐殺を目撃した各地の人々の証言などから推測しても殺害された朝鮮人の数はこの数をはるかに上回ると考えられます。朝鮮総督府は813人と見込み、吉野作造は朝鮮人留学生らの調査を基に2613人とし、朝鮮独立運動の機関紙が留学生の調査を集計した数は6661人となっています。残念ながら殺害された朝鮮人の正確な数は不明と言わざるを得ません（なお、これらの数字は加藤直樹氏の2冊の前掲著によるものです）しかし、百田氏の言う233人はあまりに過少と言えます。また、百田氏は韓国政府の主張として「韓国政府は「数十万人の朝鮮人が虐殺された」と言っている」（349ページ）と書いています。しかし、韓国政府が公式見解でこのような発言をしているならば、韓国政府のホームページなどや過去の記録を調べれば出てくるはずですが、一切そのような事実はつかめませんし、百田氏もその出典を明らかにしていません。百田氏のように加害の歴史を否定したい人々は、事実そのものを否定できない場合に用いる常套手段が、数で矮小化することです。また、加害者側が法外な数を提示したとして、その加害を誇大に見せようとしていると攻撃をするのです。

そして、最後に一番問題なことは、流言飛語やデマが原因でなぜ朝鮮人が殺されなければならなかったのかということについて、朝鮮人に原因があったかのように書いていることです。なぜこのようなデマが流れ、多くの人々が信じたのでしょう？

やはり、当時の日本人の中に朝鮮人を差別や偏見の目で見、接してきたことや、それに対する警戒感や恐怖感があったと言えます。自分たちの思うがままに働かせることができる無抵抗で無知な外地人として朝鮮人を見下す一方で、3・1独立運動を行うような、日本に対して不埒なことを企む不逞の輩への恐怖の念を感じていたのではないでしょうか。「不逞鮮人」とはそういう中で生まれてきた言葉なのです。今でも、何か犯罪が起きると、ツイッターなどで「外国人が」「中国人が」「韓国人が」などという言葉が流されます。この当時から、そんな風潮があったのです。東京や横浜の一部の地域で発生した流言があっという間に広がり、それを警察すら信じ込み、朝鮮人というだけで多くの子どもから年寄りまでが殺されていきました。さすがの百田氏も、この事実だけは否定しようがなく、「不幸な事件」と結んでいます。しかし、虐殺の原因を書くことなしに、矮小化し「不幸な事件であった」で結ぶことは、その責任の所在をあいまいにし、ここから何を学ばなければならないかを不明にする無責任な書き方です。

金子文子を知っていますか?

2019年2月、『金子文子と朴烈』(2017年製作)という映画が公開され、大きな反響を呼びました。金子文子と聞いて、どんな人物かわかる人は多くないでしょう。この映画は関東大震災の時にこのような日本人女性がいたことを多くの人が知るきっかけになりました。

1903(明治36)年に貧しい家に生まれ育った文子は、出生届すら出されず、父や母から見捨てられ、自ら働きながら東京で学びました。そのなかで、自分と同じように貧困にあえぎ差別に苦しむ朝鮮人や社会主義者、無政府主義者らと交わり、思想的に成長していきました。彼女は活動を通して無政府主義者の朴烈と出会い、日本人や在日朝鮮人とともに「不逞社」を結成し、政府を批判するようになります。

彼らが東京で活動していた1923（大正12）年9月1日に起きたのが関東大震災でした。2人が「保護検束」という名のもとに世田谷署に逮捕されたのは震災から2日後の9月3日。震災後に起きた朝鮮人狩りの危険から一時的に朝鮮人を保護するというのが「保護検束」の表向きの目的でした。警察自らが流布させたデマによって朝鮮人狩りが起きたにもかかわらず、朝鮮人らを保護検束しているのは、それほど朝鮮人たちの動向を恐れていたからでしょう。

2人は治安警察法違反という罪状で起訴されます。これは朝鮮人虐殺の報道に対して、その根拠となる朝鮮人の暴動があったことを印象づけるために警察によって仕組まれたものでした。そして、その後次々と起訴事実が追加され、最終的には皇太子暗殺を計画したとして、大逆罪を適用されたのです。大逆罪とは、日本で天皇、皇后、皇太子などに危害を加えたり、加える計画に対して死刑を適用するという刑罰です。日本国憲法施行後に失効しましたが、戦前この罪に問われ起訴された場合、死刑は免れませんでした。大逆罪といえば、1910（明治43）年に幸徳秋水ら社会主義者たちが死刑に処せられた大逆事件を思い浮かべる人も多いでしょう。政府が社会主義を取り締まるためにでっち上げたものでしたが、金子文子と朴烈の場合も政府によるでっち上げでした。文子は裁判のなかでこう語っています。

「如何なる朝鮮人の思想より日本に対する反逆的気分を除き去ることはできないのでありましょう。私は大正八年中朝鮮に居て朝鮮の独立騒擾※の光景を目撃して、私すら権力への反逆的気分が起こり、朝鮮の方の為さる独立運動を思う時、他人の事とは思い得ぬ程の感激が胸に湧きます。」（1924年1月23日第4回訊問調書）

※「大正八年中朝鮮に居て朝鮮の独立騒擾」とは、1919年の3・1独立運動のこと。

文子は9歳の時に、朝鮮に住む祖母のもとに養女として引き取られ、女中同然の扱いを受け虐待されていました。多感な少女時代に文子は、日本人から暴力を受けたり蔑まれる朝鮮人を間近に見てきました。虐げられる朝鮮人の姿に自分自身も投影していたのでしょう。彼女が16歳になったときに3・1独立運動が起きたのです。独立を求める朝鮮の人々の叫びを聞くなかで、自立のために学ぼうとする意識が芽生え、日本に帰国しました。文子にとって、3・1独立運動を見たことこそが彼女が虐げられた人々の側に立ち、朝鮮人の同志として終生生きる道を選ばせたのでしょう。

『何がわたしをこうさせたか』（金子文子、岩波文庫、2017年）

金子文子に関しては、瀬戸内寂聴氏が当時の裁判記録なども丁寧に検証して執筆した小説『余白の春』が岩波現代文庫からこの映画公開に合わ

『余白の春』（瀬戸内寂聴、岩波現代文庫、2019年）

せるように復刊されました。不幸な生い立ちのもとに育った文子が生きていく中で、社会の不条理を知り、それに敢然と立ち向かっていく姿が印象的です。映画『金子文子と朴烈』には朝鮮から日本に渡ってきた人々が日本人の差別や暴力のなかで、自らの尊厳をかけて立ち向かっていった姿が描かれています。小説家・中西伊之助や弁護士・布施辰治のように朝鮮の人々と心を通い合わせる日本人も登場します。

（6）韓国を近代化したのは日本のおかげ？

日本の紙幣の肖像になった人々

２０１９年４月１日、政府によって新元号の発表があり、元号狂騒曲が吹き荒れました。そして、その熱狂の中で、２０２４年からの新紙幣のデザインが発表されました。１万円札が渋沢栄一、５千円札が津田梅子、千円札が北里柴三郎です。

渋沢栄一はあまり知られてはいませんが、経済人として日本の資本主義の発展に寄与した人物です。しかし、韓国での渋沢の印象はいいものではありません。渋沢は日本最初の銀行である第一国立銀行の頭取でした。韓国併合の8年前にあたる1902（明治35）年、第一国立銀行は大韓帝国に支店を置きました。当時、日本の貨幣は朝鮮半島でも流通するようになっていましたが、1902年に第一国立銀行は、大韓帝国の許可無しに「無記名式一覧払い約束手形」を発行したのです。そして、この約束手形は実質的な紙幣として朝鮮半島で流通し、大韓帝国は1905（明治38）年に正式な紙幣として承認しました。その紙幣に描かれていたのが、第一国立銀行の頭取であった渋沢栄一でした。まだ日本の植民地になっていなかったにもかかわらず韓国で初めて流通した紙幣は日本人の肖像だったのです。植民地化がそこまで迫っているという予感を朝鮮の人々に抱かせたのではないでしょうか。

日本の知識人のなかで朝鮮を蔑視していたのは「脱亜入欧」を説いたことで有名な福沢諭吉です。福澤が1万円札の肖像になったことを考えると、朝鮮半島の人々を蔑視し、植民地化を推進した人物が2回続けて1万円札の肖像になるわけです。しかし、明治のころの知識人の中で、朝鮮の人々に対する蔑視感を持っていたのは、彼らだけではありません。国際連盟の事務次長を務め、5千円札の肖像になったこともある新渡戸稲造も「枯死国朝鮮（枯れて死んでしまった国朝鮮）」（『新渡戸稲造全集』第五巻）といった文章を書き、朝鮮を貶めています。日清・日露戦争を通して、日本人の中に国民意識が芽生えるとともに、中国（清）や朝鮮に対する根拠のない蔑視感情も生まれていきました。そういった日本人の国民意識に、福澤や渋沢、新渡戸のような文化人や経済人が大きく影響を与えていたと言えるでしょう。

韓国では早速、新紙幣のニュースに批判の声が上がりました。韓国での反応を、「いちいちよその国の紙幣の肖像に文句を言うなんて失礼だ」という言葉で済ませる人も多いのが現状です。しかし、考えてみてください。植民地になった経験を持つ国の人々はその過去を簡単に忘れ去ることはできません。加害者が自分の過去の罪を忘れることができても、被害者はそうではないのです。植民地になるということは、どういうことなのか、植民地にした国の国民である私たちがその事実を見ていく必要があると思いませんか?

韓国併合は正当化できるのか

韓国併合に関する百田氏の記述を見てみましょう。

「日本は大韓帝国を近代化によって独り立ちさせようとし、そうなった暁には保護を解くつもりでいた。(中略)明治四二(一九〇九)年、伊藤がハルビンで朝鮮人テロリストによって暗殺され、状況は一変する。国内で併合論が高まると同時に、大韓帝国政府からも併合の提案がなされた。大韓帝国最大の政治結社である「一進会」(会員八十万~百万人)もまた、『日韓合邦』を勧める声明文を出した。」(326ページ)

「繰り返すが、韓国併合は武力を用いて行われたものでもなければ、大韓帝国政府の意向を無視して強引に行われたものでもない。あくまで両政府の合意のもとでなされ、当時の国際社会が歓迎したことだったのである。もちろん、朝鮮人の中には併合に反対する者もいたが、そのことをもって併合が非合法だなどとはいえない。余談になるが、大東亜戦争後に誕生した大韓民国（韓国）は、併合時代に日本から様々なものを奪われたと主張しているが、そのほとんどは言いがかりで、むしろ日本は朝鮮半島にすさましいまでの資金を投入して、近代化に大きく貢献した。（中略）鴨緑江には当時世界最大の水力発電所を作り、国内のいたるところに鉄道網を敷き、工場を建てた。新たな耕地を開拓し、灌漑を行い、耕地面積を倍にした。それにより米の収穫量を増やし、三十年足らずで人口を約二倍に増やした。同時に二十四歳だった平均寿命を四十二歳にまでのばした。厳しい身分制度や奴隷制度、おぞましい刑罰などを廃止した。これらのどこが収奪だというのだろうか。たしかに当時の日本の内務省の文書には「植民地」という言葉があるが、これは用語だけのことで、政策の実態は欧米の収奪型の植民地政策とはまるで違うものだった。また日本名を強制した事実もなければ、「慰安婦狩り」をした事実もない。」（327～328ページ）

軍服の伊藤博文と和服を着た韓国皇太子（東京に留学中）が東京で撮った写真があります。いたいけな幼い皇太子を、軍服を着た貫禄のある伊藤博文が保護しているかのような印象を与えます。まさしく幼く保護を必要とする韓国と韓国を教え導き保護する日本という当時の関係を物語っている写真と言えます。

日本は韓国の保護国化を考えていたと百田氏は言います。詳しく見てみましょう。当時日本の政府内では保護国化を主張する伊藤博文や井上馨らと併合を勧める山形有朋や寺内正毅らが対立していました。1905（明治38）年に第二次日韓協約で日本は韓国の外交権を奪いました。韓国にとっては国の独立を奪われたも同然です。各地で義兵運動が活発化し、韓国皇帝も第二次日韓協約の不法を世界に訴えるためにハーグ万国平和会議に使者を派遣しました。これに怒った伊藤は、皇帝を退位させ、韓国の内政をすべて握り、1908年には第三次日韓協約で韓国の軍を解散させました。しかし、韓国の外交権を奪い、統監府が外交を担うという日本のやり方に韓国の民衆の怒りはいよいよ高まり義兵運動は全土へと広がっていきました。その中で、併合論が台頭し、伊藤は反日運動を根絶するため1909年に併合へと考えを変えていったのです。

1909年伊藤の暗殺事件が起きます。百田氏は伊藤をハルビンで暗殺した安重根をあえて名前を出さず、「テロリスト」と書いているだけです。2014年1月19日、安重根の記念館が中国のハルビン駅に完成しました。外務省は中国と韓国の双方に抗議。菅官房長官は、「安重根は、わが国初代の内閣総理大臣を殺害し、死刑判決を受けたテロリストだと認識している」と述べました。政権に近い百田氏も同じ考えのようです。

ソウルのアン・ジュングン記念館にあるアン・ジュングン像

中学生が習う東京書籍の歴史教科書（2017年）を見てみましょう。「1909年には、伊藤博文が満州のハルビン駅で、義兵運動家の安重根に暗殺される事件が起こりました。」とあります。安に関しては日韓の学者による研究が進み、単なる「テロリスト」ではなく諸民族の平等と自決こそがアジアの平和の基礎であるという理念を持った「義兵運動家」として、その思想も含めて高く評価されているのが現状です。

「併合」という言葉も当時の外務省政務局長の倉知鉄吉による造語であり、「対等合併」という印象ではなく、それでいて刺激的でもない言葉として「併合」という言葉が選ばれ、初代朝鮮総督になった寺内正毅も他国のような「強制的併合」とは異なり「合意的条約」であることを繰り返したと言います（海野福寿『韓国併合』岩波書店　１９９５年）。

百田氏の記述は、日本政府が従来主張してきたことを書いていると言えます。「併合」の正当性を主張するあまり、韓国内での義兵運動などに触れずに、反対の声を矮小化しているところが問題です。日本軍が当時の韓国義兵との戦いをまとめた公式の記録には１９０７年から１９１１年までに２８５２回の交戦があり、その「暴徒」の数は14万１８１８人を数えたとあります（中塚明『日本人の明治観をただす』高文研　２０１９年）。この数は「反対する者もいたが」ですませられる数でしょうか。

伊藤は、軍隊が解散されると益々暴動が激化するとして、韓国皇帝より鎮圧の依頼があったと言って、日本軍の行為を正当化していますが、当時の韓国皇帝の側近たちの中には、日本と通じる人々がたくさんいて、皇帝の依頼などを作り上げることは容易だったのです。「大韓帝国政府からも併合の提案がなされた」という記述にしても、日本政府につながる人々によって形を整えるために出されたものです。「大韓帝国最大の政治結社」とされる「一進会」ももともと韓国内に親日団体として結成され、山形有朋や桂太郎らが背後で糸を引いていた団体であり、伊藤との関係も取りざたされています。一進会が併合を勧める声明を出すことは何ら不思議ではありませんし、それをもって韓国の多くの人々が併合を支持したという根拠にはなりません。

植民地のなかで起きたこと

百田氏をはじめとして、韓国併合を、「日本は韓国のために良いことをした、韓国を発展させた」と主張する人は少なくありません。実際にはどうだったのでしょう。

植民地になった朝鮮の人々は、日本人として扱われたのでしょうか？　日本に併合されるということは併合された朝鮮に大日本帝国憲法が適用されるはずですが、適用されていません。これは台湾も同じです。つまり朝鮮や台湾の人々に憲法上の権利を認めていないのです。あくまでも朝鮮や台湾は外地であり、そこに住む人は外地人で、日本に住む内地人とは扱いが違っていました。

具体的にどのようなことが行われたのか、成田龍一氏の本から要約しましょう。植民地にした日本が力を入れたことは土地調査事業でした。土地の所有権を確定し、不明な土地を国有地として、それを大企業などに払い下げていったのです。また、森林法によって、農民たちの共同所有の森林を国有林とし、近代的所有権の考え方によって、農民たちから取り上げていきました。植民地化とは、その地での動きに接続しながら、新たな支配を浸透させ、宗主国の支配を強化することにあります。台湾にせよ、朝鮮にせよ、その地における自発的な発展を阻害していくことが植民地化ということになるでしょう。植民地では、宗主国がその利益追求のために、鉄道や道路、あるいは工場、さらに電信・電機やダムなど、さまざまな施設をつくります。そうした社会的基盤―インフラは、地域の産業化を促進するとともに、その進展を宗主国に委ねることになります（成田龍一『近現代日本史との対話　幕末・維新―戦前編』集英社新書2019年）。

つまり、日本が行ったインフラ整備は、植民地朝鮮のためというより、そのことによってそこから生まれる利益を日本が収奪し、それによって日本を潤すことが目的だったのです。

1920年代、日本は朝鮮で米の生産量を増大させるために「産米増殖計画」を実施します。これによって朝鮮での米の生産量は増えましたが、増えた米のほとんどは日本に運ばれていったのです。朝鮮人たちは自分たちが作った米を食べることができず、一人あたりの米の消費量は減り、貧しくなっていきました。また、総督府が行うさまざまな工事や開発費事業に強制的に動員され、働かされました。農村で生活できなくなっていった人々のなかにはソ連や中国、満州、そして日本へと職を求めて流れ着くしかなかった人々も少なくありません。こうして日本にやってきた人々が在日のルーツといえます。今の中学生が使っている東京書籍の歴史教科書（2017年）の「韓国の植民地化」を紹介しましょう。

「日露戦争の最中から、韓国は、日本による植民地化の圧力にさらされていました。日本は

1905（明治38）年に韓国の外交権をうばって保護国にし、韓国統監府を置きました。初代の統監には伊藤博文が就任しました。

1907（明治40）年には韓国の皇帝が退位させられて、軍隊も解散させられました。韓国の国内ではこうした動きに対する抵抗運動が広がり、日本によって解散させられた兵士たちは農民とともに立ち上がりました（義兵運動）。これは日本軍に鎮圧されましたが、日本の支配に対する抵抗はその後も続けられました。

1910（明治43）年、日本は韓国を併合しました（韓国併合）。韓国は『朝鮮』と呼ばれるようになり、首都の『漢城』（ソウル）も『京城』と改称されました。また強い権限を持つ朝鮮総督府を設置して、武力で民衆の抵抗を抑え、植民地支配を推し進めました。学校では朝鮮の文化や歴史を教えることを厳しく制限し、日本史や日本語を教え、日本人に同化させる教育を行いました。植民地支配は1945（昭和20）年の日本の敗戦まで続きました。

脚注：土地制度の近代化を目的として日本が行った土地調査事業では、所有権が明確でないとして朝鮮の農民が多くの土地を失いました。こうした人々は、小作人になったり、日本や満州へ移住しなければなりませんでした。」

ここにも、百田氏が言うようなことは書かれていません。百田氏の論は、植民地にしたことを植民地にした側の人間が自分たちに都合よく免責するものであって、けっして事実に即したものではありません。

植民地下の朝鮮で生きてきた人々が、どのように扱われたのかを物語る史料が、長野県の『信濃毎日新聞』（２０１８年12月25日）に「日韓併合以降の朝鮮半島　朝鮮人への差別記録　伊那に貴重文書」という記事として掲載されました。紹介します。

「満蒙（まんもう）開拓の歴史などを長年研究している伊那市西春近の元教員矢沢静二さん（66）が、１９１０（明治43）年の日韓併合以降、朝鮮半島で日本人が朝鮮人に行った差別の実態をまとめた文書を同市創造館で見つけた。残飯を食べさせ、無給で長時間働かせた—といった実例を数多く掲載。当時の軍人が日本人に反省を求め、融和への願いを込めて限られた範囲で配った文書で、戦後、全国の市町村役場で戦時機密資料が一斉に焼却処分された中、残った。県外でも見つかっているが数は少なく、研究者は「貴重な資料」としている。

文書は『朝鮮同胞に対する内地人反省資録』と題し、１０５ページ。33（昭和8）年4月、当時の陸軍少将、岩佐禄郎（後の中将、新潟県出身）が書いたと記されている。岩佐は当時、朝鮮憲兵隊司令部の所属。まとめた目的は『朝鮮人に対する好ましからざる多くの事柄を掲げ、反省を求めるため』だ。言論弾圧、思想統制を進めた軍に自省を求め、現地の日本人の行為を批判。融和を呼び掛けている。

掲載した差別行為は、岩佐が現地の朝鮮人に聞き取った68項目。32年1月から約1年間に病院、学校、公衆浴場などで行われてきたものだ。当時、朝鮮人は蔑称で呼ばれ、『就職希望の朝鮮人を「採用せぬ」と突き出す』といった記述から、雇用を理由なく拒否した様子がうかがえる。日本人の小学生が蔑称を連呼し、同年代の子どもを殴った記録もある。散髪した客が朝鮮人と知り、道具を全て洗浄した理髪店の店主や、『今は忙しい』と朝鮮人の治療を拒んだ医師も。畑のハクサイを誤って踏んでしまった朝鮮人の女の子を3カ月間無給で働かせたり、店が汚れる―と朝鮮人の来店を拒んだりした記録もある。

日本近現代史が専門の荻野富士夫・小樽商科大名誉教授（65）＝東京＝によると、文書は国立国会図書館などにも所蔵されているが数は少なく『憲兵隊の一人が自省の念を込めて書いた点で貴重』とする。

矢沢さんは今年10月、所属する上伊那教育会の資料を保存している伊那市創造館（旧上伊那図書館）の地下室で別の資料を探している際、文書を発見。岩佐と伊那の関係については記録がなく、なぜ残っていたかは分からないが『軍の人間が「恥」の部分の日本人の加害者性を記し、その冊子が焼却処分を免れて残っていた。二重の意味で驚き』としている。」（12月25日）

表向きは「一視同仁（天皇から見れば、臣下という点では日本人も朝鮮人も同じという意味）」と言いながら、実際には、朝鮮の人々にひどい差別を行っていたということが史料から読み取れます。

植民地責任から逃げる日本政府

2019年3月1日、3・1独立運動100周年記念式典がソウルをはじめ韓国各地で行われました。3・1独立運動について説明しましょう。

第一次世界大戦後の世界では、1917（大正6）年にロシア革命が起き、「平和に関する布告」が出され、1918（大正7）年にはアメリカ大統領ウィルソンが「平和のための14カ条」を発表し、民族自決を掲げる声が広がっていきました。民族自決の流れを朝鮮でも実現しようと考えた人々が、1919（大正8）年3月1日にソウルのタプコル公園で「私たちは、私たちの国である朝鮮国が独立国であること、また朝鮮人が自由な民であることを宣言する」で始まる『3・1独立宣言書』を読み上げ、「独立万歳」と叫んでデモを行いました。総督府は警察や軍隊を動員し、徹底的に弾圧を行いましたが、この運動は短期間に朝鮮半島全土に広がっていきました。この3・1独立運動から2019年がちょうど100年にあたります。

徴用工問題をめぐって、日韓の関係が冷え込み、日本国内のメディアには韓国側を非難する論調が席巻しています。そういう状況を見れば見るほど、日清戦争や日露戦争などを通して、隣国への偏見と差別意識で凝り固まり、自分たちだけが優れているという鼻持ちならない優越感を日本人が持っていった歴史が繰り返されているような気がします。植民地化の中で、強制連行された人々が日本に対して補償と謝罪を求めることのどこがおかしいのでしょう。自分がその立場なら、どうなのでしょう。外務省は韓国に行く渡航者に対して2019年2月28日付で以下のような注意喚起を行いました。

「3月1日に国内各都市でデモ等が行われる可能性があります。最新の情報に注意するとともに，デモ等には近づかない等慎重に行動してください。
1．3月1日の「3・1独立運動100周年」に際し，ソウル，釜山，済州をはじめとする各都市において，市民団体等によるデモ等が行われる可能性があります。
2．つきましては，韓国への滞在・渡航を予定している方や滞在中の方は，最新の情報に注意し，デモ等が行われている場所には近づかない等慎重に行動し，無用のトラブルに巻き込まれることのないようご注意ください。
3．なお，デモ等に関する最新の情報については，大使館・総領事館から随時お知らせします。
4．万が一，被害に遭った場合や他の邦人が被害に遭ったとの情報に接した場合には，大使館又は総領事館にご一報ください。」

これではまるで，3・1独立運動の100周年記念行事が反日の行事として行われるかのようです。韓国内でも近代の歴史をめぐる日本への批判がさらに高まっており，そこから日韓関係がぎくしゃくしているのは事実ですが，韓国の人々が日本人に対してまるで敵意や憎悪を持っているかのように捉えることは明らかな間違いです。それどころか，そういう事態があるとするならば，その原因は過去の過ちを認めずにごまかそうとする誠意のない今の日本政府の態度にこそあるのです。

外務省のこの注意喚起は，関東大震災の時の日本政府の行動を想起させます。震災後，日本政府は自然災害にもかかわらず戒厳令を敷き，内務省は各地に「朝鮮人は各地に放火し，不逞の目的を遂行せんとしている」といった電報を流し、根拠のないデマを益々増幅させていきました。それが朝鮮人虐殺を引き起こしたのです。今回の外務省の注意喚起を聞いて、関東大震災時のことが過去のことではなく、今も亡霊のように生きているかのように感じました。

その100周年記念式典での文大統領の挨拶を紹介しましょう。

「間違った過去を省察するとき私たちは共に未来へと歩んでいけます。歴史を正すことこそが子孫が堂々といられる道です。」「過去は変えることはできませんが、未来は変えることができます。歴史を鏡にし、韓国と日本が固く手を結ぶ時平和の時代がはっきりと私たちの側に近づいてくるでしょう。力を合わせ、被害者たちの苦痛を実質的に治癒するとき韓国と日本は心が通じる真の親友になることでしょう。」「3・1独立運動は依然として私たちを未来に向けて押し出しています。」「過去100年の歴史は私たちが直面する現実がいくら困難であっても希望を捨てないかぎり変化と革新を成し遂げられることを証明しています。」（訳は『The Korean Politics（https://www.thekoreanpolitics.com）から）と、『3・1独立宣言文』を引用しながら語りました。

3・1独立運動は日本による植民地化に対して、民族の尊厳を踏みにじられた人々が独立と解放を求めた運動であると共に、朝鮮だけでなく、東アジア全体の民族自決を実現することをめざした壮大な運動です。そして今回の式典は韓国の人々が民族の誇りをかけ人類史に残る独立運動の意義を高らかに掲げ、運動の継承を誓うものであり、アジアの平和をともに作ろうと韓国からアジアに呼びかけたものでした。

今回の記念式典に日本のメディアや政権側の人間は「反日」運動とレッテルを張っています。これは韓国の人々への侮辱であるだけでなく、この運動の世界史的意義を貶めるものです。韓国併合は書いても、植民地化のなかで3・1独立運動のような運動が起きたことをあえて書かずに無視を決め込む百田氏の認識が、いまだに植民地主義的な考え方から脱却してないということを示しています。

ユ・ガンスンを知っていますか?

式典のクライマックスで独立運動の先頭に立った学生たちに扮した若者たちが光化門をバックに歌い、踊るパフォーマンスを行いました。バックに大きく映し出された映像はユ・ガンスンでした。植民地時代には光化門の後ろには景福宮を覆い隠すかのように朝鮮総督府が建てられていました。その場所で、若者たちはかつて日本に弾圧された苦しみやそれをはねのけようとした抵抗、そして独立への希望を、まるで当時の立ち上がった人々のように表わしました。

「独立宣言書」を読み上げたタプコル公園には、行進の先頭に立つユ・ガンスンのレリーフがあります。彼女の出身校である梨花女子高校にも彼女の銅像があります。韓国の人でユ・ガンスンを知らない人はいないでしょう。当時まだ16歳だったユ・ガンスンは友人とともに学生らのデモに参加し、活動しました。その後、故郷天安市に帰り、志を同じくする人々と連絡を取り合い、朝鮮独立万歳を口々に叫び、約3000人の人々を組織する集会を行い、運動のシンボル的存在になりました。

日本の官憲らは3・1独立運動を徹底的に武力で弾圧しました。京畿道水原郡堤岩里では、住民を教会に監禁し、射殺し、放火するという虐殺事件を起こすなど、3月から5月だけで死者7509人、負傷者1万5850人、逮捕者4万6306人にのぼりました（この数字は『週刊金曜日』2019年2月22日号所収、加藤圭木「民衆の独立への意志　世界に明確に示される」による）。両親を日本の官憲に殺されたユ・ガンスンは逮捕され、1920（大正9）年9月28日、ソウルの西大門刑務所で獄死しました。ユ・ガンスンの行動は女性たちが表に出て活動できない当時の韓国にあって、多くの女性たちに勇気をもたらしました。

梨花女子高校のすぐそばに、3・1独立宣言書を印刷した場所と言われる貞洞教会が立っています。この横の公園に、2019年2月8日に女性像が建立されました。3・1独立運動に先立ち1919年2月8日に朝鮮人留学生が東京で朝鮮の独立を求める宣言書と決議文を宣布した「二・八独立宣言」から100周年を迎えることを記念して2人の女性の像が設置されたのです。この像は、女子学生がランプで照らし、もう一人の女性が一枚一枚独立宣言書を印刷している様子を表現しています。銅像の製作は日本軍によって「慰安婦」にされた被害者を象徴する「平和の少女像」を製作したキム・ソギョンさん、キム・ウンソンさんが手がけました。

ソウルの梨花女子高校に建つユ・ガンスン像

銅像の建立委員会は、趣旨文で「奪われた国を取り戻す独立闘争に女性は男性に劣らず積極的に参加した」とし、「抗日女性たちの自主独立の意志を呼び覚ます教育事業や啓蒙運動、文化運動を積極的に行った」と説明しています。このように女性たちが未来を作ろうと動き出したことが、3・1独立運動を支えていたのです。

3・1独立運動を、韓国だけの運動として捉えるのではなく、アジア全体の運動と捉えるとともに、そこに貫かれている思想は現代におけるアジアの平和を構築する思想として学び取る必要があります。百田氏が書いていないところにこそ、歴史の真実があると言えるでしょう。日韓の問題を解決するためには、偏狭なナショナリズムにとらわれず、一番近い国との長きにわたって修復しきれていない関係を改善し、友好関係を築き上げていかなければなりません。その動きを最も阻害しているのが百田氏のように隣国に差別や憎悪を煽る言論ではないでしょうか。

(7) 南京大虐殺をどう見るか

百田氏は日中戦争の開始をどう見ているか

まず、高校の日本史の教科書で、日中戦争の開始から南京事件までの叙述がどのようになっているかを見てみましょう。

「第1次近衛文麿内閣成立直後の1937(昭和12)年7月7日、北京郊外の盧溝橋付近で日中両国軍の衝突事件が発生した(盧溝橋事件)。いったんは現地で停戦協定が成立したが、近衛内閣は軍部の圧力に屈して当初の不拡大方針を変更し、兵力を増派して戦線を拡大した。これに対し、国民政府の側も断固たる抗戦の姿勢をとったので、戦闘は当初の日本側の予想をはるかに超えて全面戦争に発展した(日中戦争)※。

※日本政府はこの戦闘を、はじめ「北支事変」ついで「支那事変」と名づけたが、実質的には全面戦争であった。日中両国ともに、アメリカの中立法(戦争状態にある国への武器・弾薬の禁輸条項をふくむ)の適用をさけるためなどの理由から、正式に宣戦布告しなかった。

8月には、上海でも戦闘が始まり(第2次上海事変)、戦火は南に広がった。9月には国民党と共産党がふたたび提携して(第2次国共合作)、抗日民族統一戦線を成立させた。日本は次々と大軍を投入し、年末には国民政府の首都南京を占領した※。

※南京陥落の前後、日本軍は市内外で略奪・暴行をくり返したうえ、多数の中国人一般住民(婦女子をふくむ)および捕虜を殺害した(南京事件)。南京の状況は、外務省ルートを通じて、はやくから陸軍中央部にも伝わっていた。」(石井進ほか『詳説日本史B』山川出版社2006年)

百田氏はこの「支那事変(あるいは中華事変)」(367ページ)、「(実質は戦争)」(368ページ)に関わって、1931(昭和6)年以来の事件数をあげて「日本人を標的にした中国人のテロ事件や挑発的行為は頻繁に起きていた」（367ページ）と述べ、次のように続けています。

「第二次上海事変は中華民国の各地に飛び火し、やがて全国的な戦闘となった。ただ、日本が戦闘を行ったのは、そもそもは自国民に対する暴挙への対抗のためであって、中華民国を侵略する意図はなかった「暴支膺懲《ぼうしようちょう》」というスローガンが示すように「暴れる支那を懲らしめる（膺懲）」という形で行った戦闘がいつのまにか全面戦争に発展したというのが実情である。」（367ページ）

このように百田氏は日中戦争が始まったのは、「自国民に対する暴挙への対抗のため」（自己防衛のため）で、「中華民国を侵略する意図はなかった」（侵略ではない）と強調しています。そしてこの日本の動きを「暴支膺懲」という当時のスローガンまで持ち出して、それを「実情」としています。氏があげている「日本人を標的にした中国人のテロ事件や挑発的行為」自体は個々に検証、分析した上での判断が必要ですが、全体として当時の中国人が相当強い抗日、反日感情を持っていたことは事実です。では、なぜ中国人は日本に対する悪感情を持っていたのでしょうか。百田氏は日本人には目を向けますが、中国人に対しては「暴支」＝「暴れる支那」のひと言で片づけています。そこには自分が主張したい事象（日本人の被害）はとりあげても、その事象が起きる歴史的背景（なぜ中国人に抗日、反日感情が生まれたのか）に目を向ける姿勢がありません。そこで、そうした観点から、日中戦争開始までに日中間で生じた問題の概略を確認することにしましょう。

●1915（大正4）年　日本は中国政府に二十一カ条の要求をつきつけて、最後通牒を発して承認させた。その結果、山東省のドイツ権益は日本が継承し、南満州や東部内蒙古の日本の権益が強化され、強く反発した中国国民は、中国政府が日本の要求を承認した5月9日を国恥記念日とした。

●1919（大正8）年　山東半島の返還などを求める学生や労働者の反日国民運動（五・四運動）が起こる。

●1927（昭和2）～28（昭和3）年　中国で全土の統一をめざす国民革命軍の北伐が進むなか、日本は満州の権益を実力で守る方針を決定し、日本人居留民の保護を名目として三次にわたって山東出兵を行った。これに対して中国各地で日貨排斥（日本商品ボイコット運動）が起こり、排日気運が広がる。

●1928年（昭和3）6月　関東軍が独断で親日派の満州軍閥の張作霖を列車ごと爆破して殺害（張作霖爆殺事件）し、軍事行動を起こした。これに対して、後継者の張学良は蒋介石の国民政府に合流し、その結果、北伐は完了、中国の統一が達成された。中国では不平等条約撤廃、国権回収を要求する民族運動が高まっていった。

●1931（昭和6）年9月　関東軍が柳条湖で南満州鉄道の線路を爆破（柳条湖事件）、これを中国軍のしわざとして軍事行動を開始（満州事変）、政府の不拡大方針に反し、関東軍は満州での戦線を拡大、中国の排日運動の激化を招く。

●1932(昭和7)年1月〜5月　上海で日中両軍が衝突(第1次上海事件)。中国人の労働者、市民も大規模なストライキを行って日本に抵抗。

●1932(昭和7)年3月　関東軍、清朝最後の皇帝溥儀を執政(34年に皇帝)として満州国の建国を宣言させる。日本の既得権益が認められ、国防も政治も実権は関東軍が握った。

●1936(昭和11)年　張学良、西安で蒋介石をとらえ、抗日と内戦停止を説得した(西安事件)。

この先のできごとは、この項の最初に紹介した日本史の教科書の叙述を読んでいただくと、流れがつながると思います。上記の日本の動きはいずれも武力を背景に、日本が中国における既得権益を守り、拡大する、あるいは新たな利権や支配地を獲得しようとするもので、中国の主権を侵す行為、つまり侵略に他なりません。こうした流れをよく見れば、「暴れる支那」ではなく、「暴れる日本」の姿がはっきりと見えてきます。そして中国の人々の反日、抗日の思いや行動は、日本政府の中国に対する政策や軍の行為によって引き起こされていることがわかります。百田氏のあげている日本人に対する事件の数々は、以上のことをふまえ、個々にていねいな検証と分析がなされる必要があるでしょう。

百田氏は南京大虐殺をどう見ているか

百田氏は本文の「盧溝橋事件から支那事変」に続いて、5ページにわたる長文のコラムで南京大虐殺について持論を述べています。論点がいくつもあるので、論点ごとに氏の主張を紹介し、それを史実に照らして検証していきましょう。

【検証のポイント①南京大虐殺を報道した外国人記者の記事は信ぴょう性がないか】

「昭和一二年（一九三七）十二月、日本軍による南京占領の後、「三十万人の大虐殺」が起きたという話があるが、これはフィクションである。…南京大虐殺を世界に最初に伝えたとされる英紙マンチェスター・ガーディアンの中国特派員であったオーストラリア人記者のハロルド・ティンパーリは、実は月千ドルで雇われていた国民党中央宣伝部顧問であった…その著作…邦訳『外国人の見た日本軍の暴行―実録・南京大虐殺―』の出版に際しては、国民党からの偽情報の提供や資金援助が行われていたことが近年の研究で明らかになっている。…当時、「南京大虐殺」を報道したのは、そのティンパーリとアメリカ人記者ティルマン・ダーディンだけで、いずれも伝聞の域を出ない(ダーディンは後に自分が書いた記事の内容を否定している)。当時、南京には欧米諸国の外交機関も赤十字も存在しており、各国の特派員も大勢いたにもかかわらず、大虐殺があったと世界に報じられてはいない。三十万人の大虐殺となれば、世界中でニュースになったはずである。」（368～369ページ）

百田氏は上記の冒頭で「「三十万人の大虐殺」が起きたという話があるが、これはフィクションである」と述べていますが、このフィクション（作り話）とは「三十万人」という虐殺者数をさしているのか、「大虐殺が起きた」こともさしているのか気になりますが、虐殺者数については後の検証のポイント⑥でふれることにします。ここではまず、氏のティンパーリとダーディンに対する不信について検証しましょう。

まず百田氏はティンパーリと国民党との関係を問題視しています。しかし、私たちが何らかの報道や著作にふれるとき、問題にすべきは発信者や著者の所属やスポンサーでしょうか。私はそれを警戒して読んだとしても、一番大切にすべきことは、内容の信ぴょう性だと考えます。その点については、百田氏は「国民党からの偽情報の提供」があった、またダーディンもふくめてその内容を「伝聞の域を出ない」（ダーディンについては後に自らの記事を否定している）と否定しています。では、こうした百田氏の指摘は確かなものなのでしょうか。

百田氏はティンパーリとダーディンの記事内容を「伝聞の域を出ない」としていますが、その論拠も該当箇所も示していません。「近年の研究で明らかになっている」とだけで、それを示す具体的な資料や論文、著作物をまったく示していません。このように論拠も示さず相手を批判し、その信ぴょう性をおとしめる行為は、歴史書（著者も出版社も「日本通史」と言っています）にあるまじき姿勢です。歴史研究者の笠原十九司氏は百田氏のティンパーリに対する批判を次のように述べています。

「こうしたウソは北村稔氏の『南京事件の探求　その実像をもとめて』（文春新書）の、『ティ

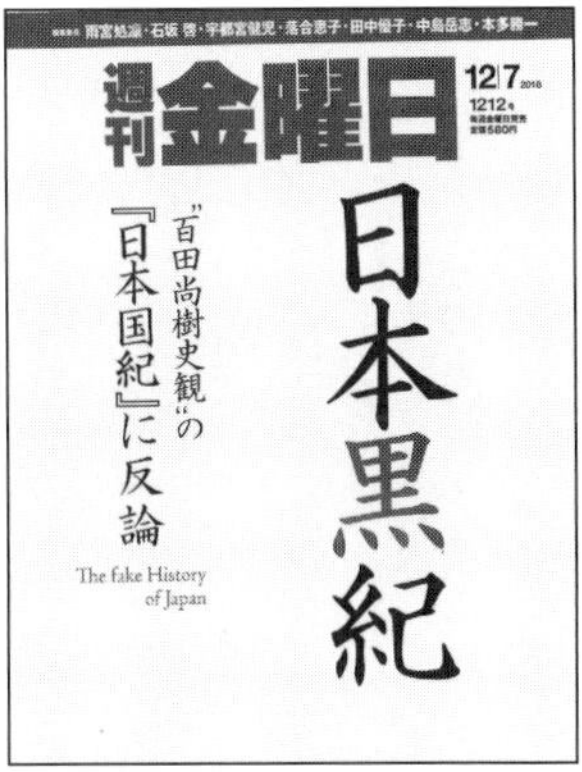

『週刊金曜日』(2018年12月7日号)

ンパーリ陰謀説』の受け売りである。…事件の研究家である渡辺久志氏の『求めているのは虚像か実像か』（『中帰連』第21号～第24号に連載）はティンパーリの経歴を丁寧に調べ、彼が国民党中央宣伝部の顧問になったのは、前掲書（ティンパーリ『戦争とはなにか』１９３８年　引用者）が発行された翌年の１９３９年である事実を突き止めた。さらに、渡辺氏が北村氏の依拠した原文に丁寧にあたったところ、北村氏は随所で英文、中文の誤訳、誤引用をし、『ティンパーリは日中戦争開始直後から国民党対外宣伝に従事した』『ティンパーリの著作の背後には国民党の宣伝戦略が存在した』などと、事実無根の記述をしていることが明らかになった。…」

「ティンパレーとベイツの『戦争とはなにか』の出版をめぐる往復書簡には、当時の金陵大学歴史学教授で、南京安全区国際委員会委員のマイナー・S・ベイツが提供した文書や記録をティンパーリが編集して、『戦争とはなにか』を出版した経緯が詳しく記されている。出版に際して国民党から『資金援助が行われていた』というのも誤りで、国民党が同書を中国語に翻訳出版するための翻訳出版権を買ったのが、事実である。」（以上、『週刊金曜日』２０１８年12月7日１２１２号「南京大虐殺を否定する使い古されたウソ」）

笠原氏は上記の文章のなかで、「百田氏の『ダーディンは後に自分が書いた記事の内容を否定している』というウソは、いったいどこから出てきたのだろうか」とも述べています。というのは、笠原氏自身が1986年と1987年に、ダーディン氏本人から南京事件の目撃談や彼の報道について聞き取りをしているからです。先にもふれたように、百田氏は否定の主張はしますが、その論拠を示していません。自らの主張を続けるのであれば、笠原氏の指摘や疑問に誠実に答えるべきでしょう。

【検証のポイント②ティンパーリとダーディン以外、南京大虐殺は報じられなかったか】

百田氏は「当時、南京には…各国の特派員も大勢いたにもかかわらず、大虐殺があったとは世界に報じられてはいない」と述べています。次に、この真偽を確かめてみましょう。

確かに当時、中国の首都だった南京には、多くの外国人の常駐者、滞在者がいましたが、日本軍が南京に迫るなか、その多くは避難していきました。とくに、日本軍が南京に入城する前日の12月12日には、アメリカの砲艦パネー号には多くの人々が乗船しました。ところがあろうことか、このパネー号は日本海軍機に撃沈されてしまいます。歴史研究者の藤原彰氏は、その後の南京の外国人の状況を次のように述べています。

「パネー号に乗船しないで南京に残り、日本軍の占領をむかえたのは、『ニューヨーク・タイムズ』のダーディン、『シカゴ・デイリーニューズ』のスティール、『ロイター』のスミス、『AP』

『シリーズ昭和史5　新版　南京大虐殺』（藤原彰、岩波ブックレット、1988年）

のマクダニエルの四記者に、『パラマウント映画ニュース』カメラマンのメンケンをくわえた五人だけであった。しかしこの五人も、パネー号の生存者をはこぶ上海行きの船で、十二月一五日に南京を退去させられた。日本軍は、外国人記者を一人残らず南京から追い出し、南京アトロシティーズ（南京残虐事件　引用者）を世界の目からかくそうとしたのである。」（藤原彰『シリーズ昭和史5　新版　南京大虐殺』岩波ブックレット　1988年）

日本軍が外国人記者たちを南京から退去させておきながら、外国人記者による大虐殺が世界に報じられていない、と主張するのは、ご都合主義の極みといえるでしょう。また、百田氏は当時、「南京大虐殺」を報道したのは、ティンパーリとダーディンだけ、と言っていますが、この点も笠原氏が前掲誌の文章のなかで、次のように百田氏の間違いを正しています。

「南京事件発生当時、『シカゴ・デイリーニューズ』記者のA・T・スティールも南京で取材活動をしており、同紙1937年12月15日付に“Nanking Massacre Story”の大見出しで、南京事件を世界に最初に報道したのである。（笠原十九司著『南京難民区の百日　虐殺を見た外国人』（岩波現代文庫）」

さらに言えば、ダーディンは12月18日付『ニューヨーク・タイムズ』に記事を載せていますが、同紙の翌19日には、上海特派員のアベンドが、南京からの引揚者から取材した日本兵の蛮行を報じています。

特派員以外の外国人は事件をどう見ていたのでしょうか。藤原氏は友好国ドイツの在中国大使館員の報告を次のように紹介しています。

「日本軍が南京に近づくと…南京に残った書記官のローゼンが、直接本国の外務省に報告を送っている。…それによれば、直接ドイツ人が見聞した日本兵の殺人や強姦の例を多数あげている。ドイツ大使館にまで、女性を渡せと日本兵が侵入してきたことまで報告し、三七年十二月二四日には『日本兵による民間人にたいする行為のもっとも忌まわしい事実があきらかになった』…としている。三八年一月一五日の報告では、『日本軍が占領してから一ヵ月以上もたっているのに、女性や少女の連行と暴行も同じく続いている。この観点から言えば、日本軍はここ南京においてみ

『南京の日本軍』（藤原彰、大月書店、1998年）

ずからの恥辱の記念碑をうちたてた』とまで言っている。」（藤原彰『南京の日本軍　南京大虐殺とその背景』大月書店　１９９８年）

「世界に報じられてはいない」ながらも、南京における日本軍の「もっとも忌まわしい事実」は、このように大使館を通してドイツ本国にまで伝わっていたのです。

【検証のポイント③日本軍の占領前の南京の人口は二十万人だったのか】

百田氏は南京大虐殺に関わって当時の南京の人口について、次のように述べています。

「南京政府の人口調査によれば、占領される直前の南京市民は二十万人である。もう一つおかしいのは、日本軍が占領した一ヵ月後に南京市民が二十五万人に増えていることだ。いずれも公的な記録として残っている数字である。日本軍が仮に一万人も殺していたら、住民は蜘蛛の子を散らすように町から逃げ出していたであろう。南京市民が増えたのは、街の治安が回復されたからに他ならない。」（３６９ページ）

これに対して、笠原十九司氏は次のように述べています。

「日中全面戦争勃発前の南京城区の人口は一〇〇万人以上であったが、日本海軍機の連日の空襲のために同区の人口は激減していき、三七年一一月初旬には五〇万近くになっていた（スマイス「南京地区における戦争被害」）。同一一月二三日、南京市政府（馬超俊市長）が国民政府軍事委員会後方勤務部に送付した書簡には、「調査によれば本市（南京城区）の現在の人口は五〇余万である。」と記されている（中国抗日戦争史学会編『南京大屠殺』）。」（笠原十九司『南京事件』岩波新書　１９９７年）

このように一目瞭然、同時期の南京市の人口が百田氏は二十万人、笠原氏は五〇余万としていて大きな違いがあります。百田氏は「公的な記録として残っている数字である」と書いていますが、その出典は明らかにしていません。一方、笠原氏の数字は占領前の南京市の市長の調査報告によるものです。百田氏は自らの主張の前提となる「公的な記録」が何なのかを明らかにし、信を問う必要があるでしょう。そこがフィクションの小説とは異なる歴史書（今なお『日本国紀』を「日本通史」といわれるなら）として守るべき大前提ではないでしょうか。

『南京事件』（笠原十九司、岩波新書、1997年）

【検証のポイント④捕虜の殺害の実態はどうだったのか】

南京占領後の日本軍兵士たちによる中国

人（民間人や兵士）に対する殺害について、百田氏は「占領後に捕虜の殺害があったのは事実」（369ページ）と述べています。しかし、ただその一言で終わっています。大変形式的に捕虜の殺害の事実を認めているだけです。その実態がどのようなもので、この「事実」が「南京大虐殺」とどう関わるのかについては、何も述べようとしていません。そこで史実にもとづいて、捕虜の殺害の実態を具体的に確認していきましょう。

「一九三七年十二月十三日に南京を占領した日本軍は、その前後に生じた多数の中国兵の捕虜を集団的に殺した。これはまぎれもない大虐殺である。大虐殺という言葉は、英語ではmassacreで、多数の人間を無差別に組織的に殺すことを意味する。歴史上有名な大虐殺事件としては…フランス王シャルル九世が、パリで新教徒三、四千人を殺害した『セント・バーソロミューの虐殺』、第二次世界大戦中、ポーランド士官約四五〇〇人が殺害された『カチンの森の大虐殺』…などがある。数千人でも無差別にしかも組織的な殺害がおこなわれた場合は、大虐殺と呼んでいるのである。そして南京での犠牲者のなかでもっとも多いのが捕虜の虐殺によって生じたものであり、それが組織的に行われたことこそが問題なのである。」（藤原彰岩波ブックレット前掲書）

南京の場合、捕虜の殺害を組織的に行ったのは、日本軍です。では、そもそも日本軍は、日中戦争において捕虜の扱いをどのように考えていたのでしょうか。以下、藤原氏の研究にもとづきながら確認していきましょう。

陸軍歩兵学校が1933（昭和8）年に出した秘密扱いの小冊子『対支那軍戦闘法ノ研究』のなかに「捕虜ノ処置」という項目があります。そこには「捕虜ハ他列国人ニ対スル如ク必ズシモ之レヲ後送監禁シテ戦局ヲ待ツヲ要セズ…支那人ハ…仮リニ之レヲ殺害又ハ他ノ地方ニ放ツモ世間的ニ問題トナルコト無シ」と書かれています。つまり、中国兵捕虜は殺してもかまわないと言っており、こうした冊子を歩兵学校の学生たちに参考書として配布していたのです。

しかしその一方、日本は1907（明治40）年の第2回国際平和会議において「陸戦ノ法規慣例ニ関スル条約」（捕虜に対する人道的処遇について定めたもの）に加入、1912（大正元）年に批准しています。捕虜の処遇について、両者は明らかに矛盾しています。そこで百田氏自身も本文で書いている、「当時、日本は中華民国との戦闘状態を総称して『支那事変』（あるいは『日華事変』）と呼んだ」（367ページ）という事態につながります。もちろん、「事変」と呼んだのは、戦争続行のためには「交戦国」でない形をとって、貿易を続ける必要があってのことでしたが、日本軍としては先の捕虜の処遇の矛盾を表向き「解決」したことになったのです。日中戦争を戦争として扱わず、戦争でない以上、先の条約「交戦法規」は適用されないとし、「中国人の捕らえられた者は俘虜（ふりょ）として取扱われないという事が決定され」（東京裁判における武藤章の尋問調書、洞『決定版・南京大虐殺』）たのです。

実際、1937（昭和12）年8月5日付の陸軍次官から支那駐屯軍参謀長にあてられた通牒（上級官庁から下部の機関に発する通達）があります（防衛研修所戦史室『戦史叢書　支那事変陸軍作戦２』）。そこには「現下の情勢に於いて帝国は対支全面戦争を為しあらざるを以て「陸戦の法規慣例に関する条約其の他交戦法規に関する諸条約」の具体的事項を悉（ことごとく通用して行動することは適当ならず」とあります。そして戦利品や俘虜（捕虜の軍用語）の名称は避けるように、としています。

この通牒ではっきりしているのは、日中戦争では、国際法規をすべてにわたっては適用しない、「俘虜」などの言葉は使うなということだけです。しかし実際には戦争をしているのですから、俘虜（投降した兵士）は次々と生まれます。そして俘虜と呼ばなくても、投降した兵士たちを現場で実際にどのように扱えばいいのか、具体的には何も示されていません。だからこそ、加登川幸太郎元中佐（偕行編集部の執筆責任者）の「一体捕虜の扱いの方針はどうなっていたのだろうか」（『偕行』１９８５年３月号）という言葉も出てくるのです。戦場で生死をかけて中国兵と戦っている現地部隊に、こうした軍上層部のあいまいな通牒が下達されてきたとき、どのような結果をもたらすでしょうか。戦場の日本軍将兵にとっては、中国兵は自身や戦友の命を脅かす憎い敵兵です。上官からのこうした通牒は、日本兵に中国兵捕虜を殺害することに対して罪悪感を薄め、さらには後押しをする結果をもたらしたと考えられます。この点、藤原氏は次のように述べています。

「軍中央部が捕虜についての基本方針を示さず、方面軍も捕虜の取り扱いについての方針をさだめなかったことから、幕僚がかってな指示をしたり、軍や師団が不統一な指示をしたことが、

結果として捕虜の大量殺害につながったのである。」（藤原彰大月書店前掲書）

日本軍上層部は、中国兵捕虜に対する差別的な考えに加え、その取り扱いの方針をさだめないまま、どのようにも解釈できる通牒を現地派遣軍に出し、現場での大量の捕虜殺害を引き起こしたのです。その責任は日本軍全体として、非常に重いものとして受けとめなければなりません。

では、こうした結果、南京では実際にどのようなことが起こったのでしょうか。

「上海派遣軍の中で、もっとも組織的に捕虜の大量殺害を実行したのは、山田支隊である。山田支隊とは…山田栴二《せんじ》少将が指揮する歩兵第六十五聯隊基幹の支隊で…十二月一四日に幕府山付近で一万四七七七名を捕虜にした。…山田支隊はこの大量の捕虜を…いったんは収容したが、支隊の兵力の数倍にものぼる数で、その給養にも困惑した。山田支隊長の日記によると、十二月一四日には『捕虜…一四、七七七名ヲ得タリ。斯《か》ク多クテハ殺スモ生カスモ困ツタモノナリ』、一五日には『捕虜ノ仕末…本間騎兵少尉ヲ南京ニ派遣シ連絡ス　皆殺セトノコトナリ…』、一六日には『相田中佐ヲ軍ニ派遣シ、捕虜ノ仕末其他ニテ打合ハセヲナサシム、捕虜ノ監視、誠ニ田山大隊大役ナリ…小銃五千重機軽機其他多数ヲ得タリ』と、捕虜の処置について、軍司令部と打ち合わせていることが書かれている。一八日に『捕虜ノ仕末ニテ隊ハ精一杯ナリ、江岸ニ之ヲ視察ス』、一九日に『捕虜仕末ノ為出発延期、午前総出ニテ努力セシム』とある。捕虜の殺害については、微妙な記述となっているが、軍司令部の指示により殺害したことは明白で、幹部や兵士の日記はいずれも一六、一七日にかけて揚子江岸で射刺殺したことを記述している…釈放、逃亡を示す史料は存在せず、ほぼ全員が『仕末』つまり不法殺害されたと思われる。すなわち山田支隊による捕虜殺害の数は、記録によると一五〇〇〇またはそれ以上と判断できる。」(藤原彰大月書店前掲書)

「一六日について…山田支隊三砲兵第一九連隊第三大隊の黒須忠信上等兵の陣中日記はこう記す。

…二、三日前捕慮(捕虜)せし支那兵の一部五千名を揚子江の沿岸に連れ出し、機関銃をもって射殺す。その后銃剣にて思う存分に突き刺す。自分もこの時ばが(か)りと憎き支那兵を三十人も突き刺したことであろう。山となっている死人の上をあがって突き刺す気持ちは、鬼お(を)もひひ(し)がん勇気が出て力いっぱい突き刺したり。ウーン、ウーンとうめく支那兵の声、年寄りもいれば子供もいる。一人残らず殺す。刀を借りて首をも切ってみた。(『南京大虐殺を記録した皇軍兵士たち』)

右の日記から、捕虜にまじっていた子供や年寄りの避難民もいっしょに殺害されていたことがわかる。一七日について、歩兵第六五連隊第一大隊荒海清衛上等兵の陣中日記は、『今日は南京入城なり（一部分）。俺等は今日も捕虜の仕末だ。一万五千名。…』（『南京戦史資料集Ⅱ』）と記している。山田支隊は一二月一四日に収容した一万四七七の捕虜に加えて、翌一五日にも『今日は一日捕虜多くきたり、いそがしい』同前「荒海清衛陣中日記」）とある捕虜をくわえて、総数およそ二万名の捕虜・避難民を二日間にわたって殺戮した（渡辺寛『南京虐殺と日本軍』は二万数千人が殺害されたとしている）。その死体の処理も大変であった。」（笠原十九司岩波新書前掲書）

ここで紹介した捕虜の殺害の実態は、あくまでも山田支隊の一例ですが、引用した山田支隊長の日記と、黒須上等兵や荒海上等兵の陣中日記を合わせ読むと、現場の部隊（山田支隊）のトップが軍司令部に連絡をとり、その命令を受けて、部下の将兵たちに捕虜の殺害、死体の処理をさせていること、殺害を実行している兵士たちの当時の生なましい気持ちが伝わってきます。百田氏がかろうじて「占領後に捕虜の殺害があったのは事実」とふれた一言の内側には、最低、以上紹介してきた実態と問題点が存在していることを確認しておきたいと思います。なお、この問題に関しては、『NNNドキュメント'15　南京事件　兵士たちの遺言』（2015年10月11日放映）と『NNNドキュメント'18　南京事件Ⅱ　歴史修正を検証せよ』（2018年5月14日放映）というテレビ番組が放映されています。南京での捕虜殺害の実行者、目撃者などの映像と証言、そして本人の陣中日記や当時の写真などを紹介しつつ、その内容を他の史料とつき合わせ、また南京の現場も訪れて、ていねいに検証したドキュメンタリー番組です。再放送とさらなる続編の制作を期待したいと思います。

【検証のポイント⑤民間人の強姦（ごうかん）・虐殺の実態はどうだったのか】

百田氏は民間人の虐殺については、どのように述べているのでしょうか。

「占領後に捕虜の殺害があったのは事実だが、民間人を大量虐殺した証拠は一切ない。もちろん一部で日本兵による殺人事件や強姦事件はあった。ただ、それをもって大虐殺の証拠とはいえない。…また南京においては「便衣兵《べんいへい》」の存在もあった。便衣兵とはわかりやすくいえばゲリラである。軍人が民間人のふりをして日本兵を殺すケースが多々あったため、日本兵は便衣兵を見つけると処刑したし、中には便衣兵と間違われて殺された民間人もいたかもしれない。こうしたことが起こるのが戦争である。…占領下という特殊な状況においては、平時よりも犯罪が増えるのは常である。要するに、南京において個々の犯罪例が百例、二百例あろうと、それをもって大虐殺があったという証拠にはならない。…「南京大虐殺」は伝聞証拠以外に物的証拠は出てこない。」（369～370ページ）

まず、最後のところで百田氏は「伝聞証拠以外に物的証拠は出てこない」と述べていますが、証拠が出てこないのは、証拠がもともとないからではありません。南京攻略戦の公文書をふくむ膨大な公式記録が、敗戦確定とともに陸軍省参謀本部の建物の裏手で、3日間にわたって焼却されたからなのです（しかし１９９６年、防衛省の敷地内から大量の灰や焦げた紙の束が見つかりました。現在、焼け残った断片的な紙片が1枚ずつ台紙に貼られ、「市ヶ谷台史料」とよばれ、保存されています）。こうした当時の政府および軍部の、責任回避の証拠隠滅があった事実を押さえておきたいと思います。これに加え、事件関係者、目撃者に対する上官からのかん口令（口止め）があり、証言を得て実態を解明するのに時間がかかったことも忘れてはならないでしょう。こうしたかん口令の例は７３１部隊、石井部隊として知られる細菌戦研究（中国人やソ連人の捕虜で生体実験を行った）の特殊部隊（石井四郎中将ら）が有名ですが、南京大虐殺においても、かん口令があったことを関係の元将兵たちが証言しています（ドキュメンタリー番組『NNNドキュメント'18　南京事件II　歴史修正を検証せよ』）。

ところで百田氏は、南京における民間人に対する大虐殺を「占領下という特殊な状況において」、「一部であった」「日本兵による殺人事件や強姦事件」ととらえています。そして「個々の犯罪例が百例、二百例あろうと」、それは大虐殺ではないとも述べています。しかし戦時下、占領下の南京で生じた民間人の大量殺害を、個々の犯罪の頻発によって大量の犠牲者が生じたように見なすのは、明らかな問題のすり替えです。個々の犯罪は、個人あるいは一定の集団の犯意をもった行動で生じます。しかし南京大虐殺の場合は、そういう個々の犯罪が頻発して大量の犠牲者が出ているのではありません。そもそも百田氏もいう「占領下の特殊な状況」は、なぜ生まれているのでしょうか。それは「支那事変」、実質、日中戦争のなかで日本という国家、日本軍が南京攻略をめざして、組織的に行動したことから生じていることです。日本が国をあげて中国と戦争を始め、日本軍が南京を攻め、占領をした、そして国が認めた組織的な軍事行動のなかで、結果として多くの日本兵が④でみた捕虜だけでなく、多くの無抵抗の民間人を殺害したわけです。これはもはや個々の日本兵の犯罪ですむ問題ではありません。この事態を招いた日本、日本軍が責任を負うべき国の問題なのです。

では、そうした日本軍兵士による民間人の強姦・虐殺の実態にかかわって、まずは概況を確認しましょう。

「上海から南京までの約三〇〇キロの道のりを、後方補給をまったく無視して急進した日本軍は、その間の食糧のほとんどを現地での徴発でまかなった。徴発とはいうものの、それは行くさきざきの部落を荒らして、略奪することであった。略奪には、暴行・強姦・殺害をともなった。…一二月一三日、日本軍は南京を占領し、ひきつづいて城内を掃討した。この間に大量の捕虜を集団殺害したのをはじめ、一般市民の殺害、婦女の強姦、放火、略奪などの残虐行為がくりかえされ、その『狂宴』は占領後二ヵ月間もつづけられた。これが、当時から『南京アトロシティーズ（南京残虐事件）』として世界に喧伝《けんでん》された事件である。」（藤原彰岩波ブックレット前掲書）

次に、百田氏が「民間人を大量虐殺した証拠は一切ない」としている民間人の大量虐殺の証拠と実態をいくつかの視点で確認しましょう。検証のポイント②であげたドイツ大使館の書記官のローゼンの報告でも日本兵の殺人や強姦についてふれられていましたが、同じくドイツ人のジョン・H・D・ラーベはどのような報告書を書いているでしょうか。ラーベは南京安全区の国際委員会の委員長となった人物で、ジーメンス社の支社長で、ナチス党の支部長でもありました。

「彼は三八年二月に南京を去り帰国して、報告書を作成した。この報告書は九六年になって南京事件を調査しているアメリカ人ジャーナリストによって発見された。この報告書でラーベは、日本軍が捕虜を数千人単位で処刑したり、集団で略奪や強姦をくりかえしていると非難しているが、非戦闘員で殺された者の数について、『中国側の十万人は多すぎるが、五万から六万人ぐらい』と述べている。」（藤原彰大月書店前掲書）

一般市民の被害を当時調査したものとして存在しているのは、金陵大学社会学教授ルイス・S・C・スマイスが助手とともに行った「南京地区における戦争被害　一九三七年十二月―一九三八年三月　都市および農村調査」です。

「この調査は…南京の市部と、南京市の行政区にふくまれる周辺六県についておこなわれたサンプル調査である。調査員の立入りが困難な地区があり…その数字は総数をあらわしているわけではない。この調査によると、市部…で、死傷者六七五〇名、拉致された者四二〇〇名となっている。死者は三四〇〇で、そのうち兵士の暴行によるもの二四〇〇名、爆撃、砲撃その他によるもの一〇〇〇名となっている。…農村部では…純農村で、死者三万〇九〇五名、そのうち殺された者二万六八七〇名、また離村して帰ってこない者一三万三二三〇名となっている。…少なくともこの調査で、日本軍兵士の暴行による死者、または殺された者として計上されているのは、二万九二七〇名である。これに、拉致され消息不明となった四二〇〇名をたす三万三四七〇名は、絶対に虐殺された市民の数である。これに農村部で帰ってこない者、調査で除外されている県城での被害をたせば、この数はもっと増えるはずで、犠牲者の総数ははるかに多いであろう。」（藤原彰大月書店前掲書）

次に、日本の外交官は事態をどう見ていたでしょうか。ドイツの書記官が実態を本国に報告しているぐらいですから、当事国の日本の外交官が知らないわけがありません。当時、外務省東亜局長だった石射猪太郎氏は当時の日記をもとにした回顧録で次のように述べています。

「南京は暮れの十三日に陥落した。わが軍の後を追って、南京に帰復した福井領事からの電信報告、続いて上海総領事からの書面報告が我々を慨嘆《がいたん》させた。南京入城の日本軍の中国人に対する掠奪、強姦、放火、虐殺の報告である。憲兵はいても取締りの用をなさない。制止を試みたがために、福井領事の身辺が危ないとさえ報ぜられた。昭和十三年一月六日の日記にいう。

○上海から来信、南京に於ける我軍の暴状を詳報し来る。掠奪、強姦、目もあてられぬ惨状とある。嗚呼、これが皇軍か。日本国民心の頽廃《たいはい》であろう。大きな社会問題だ」「これが聖戦と呼ばれ、皇軍と呼ばれるものの姿であった。…わが民族史上、千古の汚点、知らぬは日本国民ばかり、大衆はいわゆる赫々《かっかく》たる戦果を礼賛するのみであった」(石射猪太郎『外交官の一生』読売新聞社　1950年)

当時、石射氏は会議の場でたびたび陸軍側に警告し、広田弘毅外相からも陸相に「軍紀の粛正を要望した」とのことですが、先ず派遣軍の幹部たちは、この問題をどう認識していたのでしょうか。

「当時の日本軍の史料でさえも、日本兵の殺人や強姦の存在を認めている。…第十軍参謀長は、一二月二〇日付で次のような通牒《ちょう》を麾下《きか》諸部隊に発している。

「…南京攻略ノ実績ニ徴スルニ婦女暴行ノミニテモ百余件ニ上ル忌ムベキ事態ヲ発生セルヲ以テ、重複ヲモ顧《かえり》ミズ注意スル所アラントス」

すなわち注意をくりかえしているにもかかわらず、同軍だけで強姦が百余件も発生したと述べているのである。

松井方面軍司令官自身も、その『戦陣日記』に、掠奪、強姦について記述している。一二月二〇日の項に『一時我将兵ニヨリ少数ノ奪掠行為(主トシテ家具類ナリ)強姦等モアリシ如ク、多少ハ已《や》ムナキ実情ナリ』、一二月二六日の項には『南京、杭州付近又奪掠、強姦ノ声ヲ聞ク』とある。最高司令官みずからが、多少の掠奪、強姦はやむをえないと書いているのである。

南京攻略にさいし、一般市民への残虐行為が多発したという認識は、軍上層部に存在していた。翌三八年八月に…第十一軍司令官として赴任した岡村寧次中将は、その回想録に次のように書いている。

上海に上陸して一、二日の間、先遣の宮崎参謀、中支那派遣軍特務部長原田少将、杭州特務機関長萩原少佐等から聴取したところを総合すれば、次の通りであった。

一、南京攻略時、数万の市民にたいする掠奪強姦等の大暴行があったことは事実である。

一、第一線部隊は給養を名として俘虜を殺してしまう弊がある。

数万の市民への大暴行があったことを、軍の高級幹部も認めざるを得なかったのである。」（以上いずれも藤原彰大月書店前掲書）

このように、受けとめ方や対応に違いはあっても、現地軍の高級幹部たちは問題を認識していました。それにしても、現地軍の最高司令官である松井石根《いわね》大将の、多少の略奪や強姦はやむをえないと、これを大目に見る姿勢には驚きます。では、次に本国の陸軍の認識はどうだったのでしょう。

「防衛庁戦史室『戦史叢書　支那事変陸軍作戦１』（朝雲出版社、一九七五年）には、この事件に関連して陸軍では、一九三八年一月七日に参謀総長が異例の『訓示』を発し、陸軍大臣も一月から二月のあいだ、軍紀風紀振作対策を説いた、と書かれている。当時参謀本部作戦課の高級課員だった河辺虎四郎の回顧録『市ヶ谷台から市ヶ谷台へ』（時事通信社、一九六二年）には、この事件について参謀総長（大本営陸軍幕僚長）閑院宮載仁親王《かんいんのみやことひとしんのう》の名による松井司令官への戒告をだし、案文を河辺がつくったことがしるされている。」（藤原彰岩波ブックレット前掲書）

さすがに本国も問題を放置できず、何らかの対応を余儀なくされ、松井司令官には戒告も出されています。こうした措置は、軍としての体裁を整える必要もあってのことでしょう。しかし、本国の陸軍や陸軍大臣までが対応していることを見れば、この事件が日本兵による南京の民間人に対する「個々の犯罪」、一部であった「強姦事件や殺人事件」ではすまない、日本軍の組織的な軍事行動のなかで生じた大規模な殺害であることを示しています。その責任は実行した個人だけが受けとめるのではなく、日本軍が、日本国が受けとめるべきことなのです。

もう一つ、百田氏は民間人の殺害に関わって、「便衣兵」（軍服ではない服を着た兵士）の存在についてもふれ、「中には便衣兵と間違われて殺された民間人もいたかもしれない」と述べています。では、南京の便衣兵は、百田氏のいう「軍人が民間人のふりをして日本兵を殺す」いわゆるゲリラだったのでしょうか。だとして、日本軍はどのように民間人と便衣兵を間違えないように区別したのでしょうか。実態を確認しましょう。

「南京市内で逃げおくれた中国兵の多くは、武器をすてて軍服を脱いで、難民区に逃げこんだ。

これにたいし日本軍は、占領の直後から敗残兵の掃討と便衣兵（ふだん着をきた兵士）の剔出《てきしゅつ》をおこなった。…歩兵第六旅団がだした『城内進入に関する旅団命令』…のなかの『南京城内の掃討要領』では、『遁走する敵は、大部分が便衣に化せるものと判断されるので、その疑いある者は悉く検挙し、適宜の位置に監禁する』とし、『掃討実施に関する注意事項』では、『青壮年はすべて敗残兵又は便衣兵とみなし、すべてこれを逮捕監禁せよ』とのべている。…便衣兵の大部分は、退路をたたれ死の恐怖にかられて潜伏したものにすぎない。これを市民と区別する手続きをせず、法的な措置を省略し、武器をもたずに抵抗しないものを兵士の疑いがあるからといって処刑したことは、弁明の余地はないはずである。」（藤原彰岩波ブックレット前掲書）

【検証のポイント⑥南京大虐殺の犠牲者の数をどう見るか】

百田氏の「「三十万人の大虐殺」が起きたという話があるが、これはフィクションである」（368ページ）という部分について、検証のポイント①のところで虐殺者数については⑥でふれると書きましたが、ここでその点を確認しましょう。

『戦争と平和の事典』（高文研　1995年）の「南京大虐殺」の項によると、「虐殺者数は、東京裁判に提出された資料では二〇万人、中国側では三〇万人」とあります。この事件について、いくつかの用語集や辞書の犠牲者数を見てみましょう。

「南京大虐殺」「死者は数万人とも20万人ともいわれる」（『日本史B用語集』山川出版社）

「南京虐殺事件」「捕虜・一般市民の多数を虐殺」（『世界史B用語集』山川出版社）
「南京大虐殺」「虐殺された被害者数は合計で10万人とも20万人ともいわれる」（『世界史事典』旺文社）
「南京事件」「南京城内とその周辺の農村を含め20万人前後の中国軍民が犠牲になったと推測されている」（『世界史辞典』角川書店）
「南京大虐殺」「死者は数十万人にのぼった」（『世界史を読む事典』朝日新聞社）

このように現状の用語集の犠牲者数の表記は、漠然と「多数」とするものから「三〇万人」「数十万人」まで多様な状態です。しかし、これまで検証のポイント④と⑤の事例で見てきただけでも、五万から八万という多数の中国軍民が日本軍に虐殺されたのは間違いないことです。正確な犠牲者数を確定することも大切ですが、今となっては大変困難なことでもあります。それよりも、日本軍の行為によって非常に多くの捕虜や民間人が殺されたこと自体にしっかり目を向けたいものです。

ところで、上記の用語集の数字のなかに、いくつも登場する20万人という数字は何にもとづく数字なのでしょうか。これは東京裁判に提出された資料にある数字ですが、それは死体の埋葬記録にもとづく数字なのです。1937（昭和12）年の12月から38（昭和13）年4月まで二つの団体が死体の埋葬活動をしていました。一つは宗教団体の世界紅卍会南京分会、もう一つは慈善団体の崇善堂で、それぞれに埋葬記録を作っていました。

「この両者の埋葬記録は、東京裁判にも証拠として提出された。そして裁判の判決では、両団体によって埋葬された死体の一五万五〇〇〇という数を根拠の一つとして取り上げ、その他の証拠もくわえて、日本軍によって殺害された一般人と捕虜の総数は、日本軍が占領してから最初の六週間に、二〇万以上であった、としている。

この東京裁判の判決、日本軍による一般人と捕虜二〇万以上の殺害という数字は、日本政府も承認している。一九五一年のサンフランシスコにおける「日本国との平和条約」の第一一条は「日本国は、極東国際軍事裁判所並びに日本国内及び国外の他の連合国戦争犯罪法廷の裁判〔判決〕を受諾し」となっているのだから、国際的には日本がこの判決を受け入れ、大虐殺の事実を承認していることになるのである。」（藤原彰大月書店前掲書）

藤原氏は同書で東京裁判後に発見された、さらなる埋葬記録の存在を指摘しています。それは次のようになります。

中国紅十字会南京分会（紅卍会とは別、日本語では赤十字）　22671体を埋葬
南京自治委員会（後の南京市政府）衛生局　10794体を埋葬

このほかにも、長生慈善会、同善堂などの慈善団体や個人による死体埋葬、日本軍自身による死体埋葬を加えれば、全体としての埋葬数はもっと増えることになります。これらの埋

葬者のなかには戦死によるものもありますが、圧倒的に多いのは無抵抗な状態で殺された捕虜や民間人です。そしてこのなかには、検証のポイント④で紹介した山田支隊による捕虜殺害15000人（以上）などは入っていません。彼らの死体は埋葬されずに揚子江（長江）に流されたのです。ドキュメンタリー番組『NNNドキュメント'18　南京事件II―歴史修正を検証せよ―』では、歩兵第65連隊の第三機関銃中隊の元下士官が「（銃刺殺した死体について）揚子江に放っぽり投げた。最初の何十人かは流れますが、何百人、何千人は流れない。つまっちまった。」と肉声で語っています。

藤原氏はこうしたことを「総合して、南京とその周辺で犠牲になった中国軍民の数は、二〇万をこえているだろうということができる。」（藤原彰大月書店前掲書）と結論付けています。

さて、百田氏は「三十万の大虐殺」は「フィクションである」と頭から否定されていますが、否定にさいしては、この中国（当事国）側が示す犠牲者数の根拠を調査し、それを精査したのでしょうか。されているなら、そうした結果を明示して主張するのが「通史」をふくむ歴史書ではありませんか。

いずれにしても、日本政府が何らかの明確な証拠を示し、この判決を否定する公式見解を示さない限り、現状において日本政府の承認している南京大虐殺の犠牲者数は二〇万以上ということになります。ドキュメンタリー番組『NNNドキュメント'15　南京事件　兵士たちの遺言』のラストでは、外務省のホームページを画面に映し出しながら「現在の日本政府も、非戦闘員の殺害や略奪行為等があったことは否定できないという公式見解を示しています」と政府の認識を紹介しています。

【検証のポイント⑦本当に「南京市以外での大虐殺の話はない」のか】

南京大虐殺自体からは議論が離れますが、日中戦争中の大虐殺について百田氏は次のように述べています。

「そもそも日中戦争は八年も行われていたのに、南京市以外での大虐殺の話はない。八年の戦争で、わずか二ヵ月間だけ、日本人が狂ったように中国人を虐殺したというのは不自然である。」（370～371ページ）

中国戦線での二つの例をあげることで反証しましょう。

「重慶爆撃　当時の国民党政府の所在地、重慶への爆撃による中国側の犠牲者は、中国側発表では死者一万九〇〇〇人、負傷者一万四〇〇〇人に達したといわれる。一九四〇年…五月一八日夜半より『百一号作戦』にもとづく重慶（チョンチン）への戦略爆撃が開始された。…以来、作戦が終了する九月五日まで、七二回に及ぶ長期連続の無差別爆撃が繰り返し行われた。」（『戦争と平和の事典』高文研）

「三光作戦　1940年以降日本軍が主に中国華北で行った殺戮・破壊作戦。焼き尽くし（焼光）、殺し尽くし（殺光）、奪い尽くす（搶光）作戦として非難された。」（『日本史B用語集』山川出版社）

さらに、南方戦線でも一例あげておきましょう。開戦とともに日本軍はマレー半島での侵攻作戦を開始し、1942（昭和17）年2月にはシンガポールを陥落させます。

「シンガポールやマレーシアでは、日本軍が多数の中国系住民（華僑）を反日活動の容疑で虐殺するという事件も発生した。」（『詳説日本史B』山川出版社）

「シンガポールを占領した第25軍司令官の山下奉文中将は、抗日的とみなした中国人華僑の粛清を命じ、大規模な粛清作戦が実施されました。この結果、4～5万の華僑が虐殺されたといわれています。」（宮地正人監修『日本近現代史を読む』新日本出版社　2010年）

【検証のポイント⑧日本軍はきわめて規律正しい軍隊なのか】

百田氏は検証のポイント⑦で引用した文章に続き、「日本軍は列強の軍隊の中でもきわめて規律正しい軍隊で、それは世界でも認めていた。」（371ページ）と述べています。何をもってこういうことが言い得るのか、私にはまったくわかりません。これまで見てきた南京大虐殺における日本軍の実態はもちろんですが、その前の関東軍の独断による張作霖爆殺と軍事行動

（１９２８年）、そしてやはり関東軍による南満州鉄道の線路爆破（柳条湖事件）と軍事行動の開始（満州事変、１９３１年）を見ても、どこが「きわめて規律正しい軍隊」なのでしょうか。関東軍など、謀略と単独行動を得意とし、政府を平気で無視する、まさに「きわめて規律」から外れた軍隊となるのではないでしょうか。

百田氏のこのような日本の軍隊観にふれて、少し不思議に思うことがありました。以前、氏の小説『永遠の０』（講談社文庫）を読んだとき、少しでも機を軽く、速くするためにパイロットの生命を軽視したゼロ戦の構造上の問題への着眼や、登場人物に特攻作戦や特攻死に対して批判的な言動をさせているところに、「ほう…」と思うところがありました。しかし今回は、日本軍に対するこの甘さ、ゆるさ、いや根拠のない賛辞はいったい何なのだろう、という思いばかり感じました。「誰もが日本が好きになる、日本人であることを誇りに思う」（百田氏）、そうした思いが過ぎると、見えるものが見えなくなる、見るべきものを見ようとしなくなるのかもしれない、そんな危うさを百田氏に感じたことを述べておきたいと思います。

（８）大東亜共栄圏をどう見るか

大東亜戦争・太平洋戦争・アジア太平洋戦争

今日、歴史の本で一般的に使われている太平洋戦争という表記を百田氏はあえて使わず、大東亜戦争という表記をしています。その理由は何でしょうか。

1941（昭和16）年12月8日、日本軍はハワイの真珠湾のアメリカ艦隊を攻撃し、同日、イギリス軍のいるマレー半島に上陸して、日本はアメリカ、イギリスと開戦しました。

「開戦四日後の昭和一六年（一九四一）十二月十二日、日本はこの戦争を「大東亜戦争」と名付けると閣議決定した。したがって、この戦争の正式名称は「大東亜戦争」である。現代、一般的に使われている「太平洋戦争」という名称は、実は戦後に占領軍が強制したものだ。」（389ページ）

このように百田氏は、戦時中に政府が名付けた戦争の名称をあえて踏襲しているわけですが、日本ではこの「大東亜戦争」という名称が生まれる1年5カ月前に、ある政府要人によって「大東亜共栄圏」という言葉が発せられています。

「一九四〇年…七月に発足した第二次近衛文麿内閣の外務大臣、松岡洋右は就任直後の記者会見で、外交方針について、『皇道の大精神に則り、まず日満支をその一環とする大東亜共栄圏の確立』と述べた。これが『大東亜共栄圏』ということばの最初とされる。」（小林英夫『日本軍政下のアジア――「大東亜共栄圏」と軍票――』岩波新書　1993年）

そしてこの松岡の造語、「大東亜共栄圏」は、以下のように当時の日本の国策をそのまま反映して、「大東亜戦争」という戦争名（当時の日本の最高戦争指導機関である大本営政府連絡会議で1941（昭和16）年12月10日に決定）につながっていきます。

「大本営政府連絡会議は、この戦争を、白人帝国主義からアジアを解放し、大東亜共栄圏を建設する目的を持ったもので、『支那事変』をふくめて『大東亜戦争』と呼ぶことに決定した。」

（由井正臣『大日本帝国の時代　日本の歴史8』岩波ジュニア新書　2000年）

では、「太平洋戦争」については、辞典でどのように説明されているでしょうか。

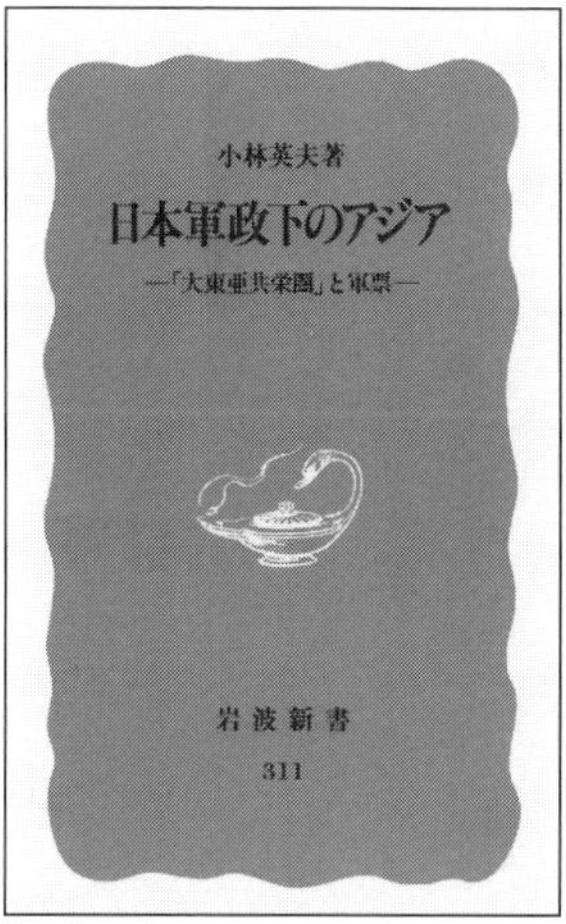

『日本軍政下のアジア』（小林英夫、岩波新書、1993年）

「太平洋戦争〔1941―45〕第二次世界大戦のうち、アジア・太平洋地域での日本と米・英・中など連合国との戦争。1941年12月8日、日本軍によるマレー半島コタバル上陸と真珠湾攻撃で開始され、45年9月2日の日本の降伏文書調印で終結。戦争中日本では大東亜戦争、戦後は太平洋戦争とよばれてきたが、近年は中国・東南アジアを含む戦争という意味で、アジア太平洋戦争の呼称が普及しつつある。」

（西川正雄ほか編『角川世界史辞典』角川書店

2001年）

このように歴史上の名称も、時代とともに変遷していくことがあります。史料としては、その時代に使われていた名称で表記するのは当然ですが、一般的な歴史叙述においては、その事象の実態をできるだけ反映した表記が使われることが、歴史を把握する上で大切だと思います。

百田氏の大東亜戦争・大東亜共栄圏のとらえ方

百田氏は『日本国紀』のなかで、「『大東亜戦争は東南アジア諸国への侵略戦争だった』と言う人がいるが、これは誤りである。」で始まる2ページのコラムを書いています。その主張を具体的に確認するとともに、歴史教科書や歴史書の記述と見比べて、事実を検証してみましょう。

百田氏は上記に続けて次のように主張しています。

「日本はアジアの人々と戦争はしていない。日本が戦った相手は、フィリピンを植民地としていたアメリカであり、ベトナムとカンボジアとラオスを植民地としていたフランスであり、インドネシアを植民地としていたオランダであり、マレーシアとシンガポールとビルマを植民地としていたイギリスである。日本はこれらの植民地を支配していた四ヵ国と戦って、彼らを駆逐したのである。

日本が「大東亜共栄圏」という理想を抱いていたのはたしかである。「大東亜共栄圏」とは、日本を指導者として、欧米諸国をアジアから排斥し、中華民国、満洲、ベトナム、タイ、マレーシア、フィリピン、インドネシア、ビルマ、インドを含む広域の政治的・経済的な共存共栄を図る政策だった。」（391～392ページ）

【検証のポイント①日本が戦った相手、それは欧米諸国】

ここでの一つ目のポイントは、本当に「日本はアジアの人々と戦争はしていない」のかどうかですが、百田氏が上記の引用の前半であげているアジアの諸地域は、当時すべて欧米諸国の植民地にされていました。ですから、国家間における戦いの相手が、植民地支配国の欧米諸国であるのは当たり前のことです。では、日本とアジアの人びととの間では戦いはなかったのでしょうか。それはこの次の②を見た後、③で述べることにします。

【検証のポイント②大東亜共栄圏の現実】

二つ目のポイントは、百田氏のいう「大東亜共栄圏」は本当に「理想」通りだったのか＝現実はどうだったのかです。それを確かめるには、日本が「欧米諸国をアジアから排斥」「駆逐した」後、占領下においたアジア諸地域をどのように統治したのか、またアジアの人々がその日本の統治をどう受けとめたかを具体的に知る必要があります。これらについて、まずは世界史の教科書の記述を見てみましょう。

「日本は『大東亜共栄圏』をとなえ、占領下のフィリピン・ミャンマー（当時はビルマ…引用者）では親日政権を設立させ、またインドネシアでは親日組織を作らせ、インドシナ・タイには日本との協力を声明させた。…また、すでに1930年代末から『創氏改名』などの同化政策が強められた朝鮮では、開戦後日本の支配が過酷さを増し、労働力不足をおぎなうために、労働者が日本本土へ強制的に連行され、戦争末期には徴兵制も適用された。

東南アジアでの占領地では、当初、日本を欧米諸国の植民地支配からの解放者としてむかえたところもあった。しかし、日本の占領目的は、資源収奪とそれに必要な治安確保であり、軍政のもとで、日本語教育や神社参拝の強制など、現地の歴史や文化を無視した政策が行われた。さらに、シンガポールやマレー半島、フィリピンでは住民への残虐行為や捕虜をふくむ強制労働が多発したため、住民の激しい反感を呼び、日本軍は各地で抵抗運動に直面した。」（佐藤次高ほか『改訂版　詳説　世界史B』山川出版社　2009年）

記述のなかのいくつかの点を歴史書でもう少し掘り下げてみましょう。「占領下のフィリピン・ミャンマーでは親日政権を設立」とあります。この部分だけを表面的にみれば、日本が「欧米諸国をアジアから排斥し、中華民国…インドを含む広域の政治的・経済的な共存共栄を図る」ことを実現しつつあるように見えるかもしれません。しかし現実の歴史をしっかりとつかむためには、この事象をさらに見つめる必要があります。

「アメリカはフィリピンに一九四六年には独立を与えると約束して、すでに一九三五年にフィリピン・コモンウェルス（自治政府）が成立していました。アメリカさえ認めたものを日本が認めないわけにはいかないから、形の上で認めたに過ぎない。日本陸軍の南方軍総司令部（シンガポール、『昭南』）の軍政総監指示（一九四二年八月七日）は、フィリピン・ビルマは『将来適当の時期』に『独立を許容』するが、『但し此の独立は軍事、外交、経済等に亘り帝国の強力なる把握下に置かるべき独立なる点特に留意を要する』と、念を押しています。実際『独立』とは名ばかりで、その実態は日本軍による凄まじい支配と収奪でした。」（江口圭一『日本の侵略と日本人の戦争観』岩波ブックレット365　1995年）

このように現実の歴史は、事象の一部を表面的に見るだけでは読み取れない、支配国の計算や暗部を持っています。

では次に、上記の「日本軍による凄まじい支配と収奪」、あるいは先の世界史の教科書のなかの「資源収奪とそれに必要な治安確保」、「住民への残虐行為や捕虜をふくむ強制労働」というのは、具体的にどういうことなのでしょうか。

『日本の侵略と日本人の戦争観』（江口圭一、岩波ブックレット、1995年）

「東南アジアの占領地では…現地の労働者を安

い賃金で使役し、石油・ボーキサイト・生ゴムなどの軍需物資を日本に輸送した。…また現地自活の方針から、日本軍は米やその他の食料を略奪あるいは強制供出させたため、現地の住民は深刻な食糧不足に苦しめられた。…日本の占領政策で目立ったのは、現地住民の虐殺や強制労働だった。一九四二（昭和十七）年一月のマニラ占領直後、日本軍は、反日分子との理由で多くのマニラ市民を暴行あるいは虐殺し、フィリピン人の反感を買った。また、バターン半島で、降伏したアメリカ兵士、フィリピン兵士を炎天下百十キロメートル歩かせ、その多数を死なせた（バターン死の行進）。またマレー半島やシンガポールでは多数の華僑を抗日分子として、はっきりした証拠もないままに虐殺した。オランダの支配に苦しめられていた蘭印（インドネシア）では…戦争末期には…ボルネオなどの陣地構築のため、二十万人、あるいは三十万人ともいわれる人びとが労務者（「ロームシャ」という言葉は今もインドネシアに残る）として強制労働に従事させられた。日本軍は現地住民はもとより連合軍の捕虜をも重労働に従事させた。その典型は泰緬《たいめん》鉄道の建設であった。泰緬鉄道は、タイからビルマへ通じるケイノイ(クワイ)河に沿ってジャングル地帯を貫通する全長四百十五キロの鉄道だった。…工事には、米・英・蘭・豪の連合軍捕虜六万人余、タイ・マレー・インド・インドネシアなどの住民十八万人余が動員された。これらの人びとは過酷な労働にくわえ、食糧不足による栄養失調、マラリアやコレラなどの病気でその多くが死亡した。その数は捕虜一万三千人、アジア系労働者は四万人とも七万人とも推定される。」（由井正臣前掲書）

以上、大東亜共栄圏の現実の姿を具体的に見てきましたが、こうした日本の軍政下のアジアの人びとの状況をふまえて、検証のポイント①日本が戦った相手に立ち返りたいと思います。

【検証のポイント③再び日本が戦った相手、それはアジアの人びと】

三つめのポイントは、検証のポイント①日本が戦った相手を国家の形にとらわれず、実態として考えることです。私は検証のポイント①で「国家間の戦いの相手が、植民地支配国の欧米諸国であるのは当たり前のこと」と述べましたが、これには続きがあります。それは、しかし、だからといって百田氏のように「日本はアジアの人々と戦争はしていない」というのは明らかな誤りだということです。それはなぜでしょうか。先ほど引用した世界史の教科書の最終部分をもう一度よく見ると、「日本軍は各地で抵抗運動に直面した」とあります。まず、この「抵抗運動」とは具体的にどのような動きだったのかを確かめてみましょう。

『シリーズ昭和史7　大東亜共栄圏』（小林英夫、岩波ブックレット、1988年）

「もともと親米色の強かったフィリピンでは、占領直後からアメリカ極東軍系ゲリラが活動していたが、一九四二年三月には、フィリピン共産党の指導下に抗日人民軍が結成され…抗日の力量を急速に増大させた。…ビルマでは、日本軍の特務機関に協力していたタキン党のアウン・サン（日本軍政下のビルマ国民軍司令官で、独立後は国防相）の手で四四年八月、ビルマ国民軍・ビルマ共産党・ビルマ革命党を中心に反日組織である反ファシスト人民連合（パサバラ）が結成され、四五年三月に反乱を起こし、インパール作戦の失敗で力を失った日本軍を、ラングーンから追い出した。」（小林英夫『シリーズ昭和史7　大東亜共栄圏』岩波ブックレット　１９８８年）

ヴェトナムではフランス支配下のころから始まった独立運動が、日本の支配下でも継続されました。その中心となったヴェトナム独立同盟について、世界史の用語集で見てみましょう。

「ヴェトナム独立同盟（ヴェトミン）１９４１年５月インドシナ共産党を中心に創立した民族統一戦線。対仏独立闘争についで日本軍を『解放軍』と見誤らず、抗日闘争を展開し、戦後の独立と対仏闘争の主体となった。」（全国歴史教育研究協議会編『世界史B用語集』山川出版社　１９９５年）

こうした抵抗運動がなぜ大東亜共栄圏のアジア各地で起こったのかは、すでに見てきた検証のポイント②大東亜共栄圏の現実を見れば明らかです。百田氏は、日本軍はこうした反日、抗日の抵抗運動、あるいは反乱に対して戦わなかったというのでしょうか。氏から見たら、これらの動きはあくまで反日、抗日の抵抗運動、反乱で、日本軍が戦ってもそれは戦争ではない、というのかもしれません。しかし、これは単に用語の問題ではありません。大東亜共栄圏の美名のもとで抑圧されたアジアの人びとからすれば、日本に抵抗し、日本軍と戦うことは、自らの命をかけた解放戦争にほかならないのですから。

そして忘れてはならないことをもう一つ確認しておきましょう。当時、日本は建前とはいえ、大東亜共栄圏を建設するために「大東亜戦争」をしています。そして百田氏も述べているように、その大東亜共栄圏のなかには中華民国（中国）も入っています。そして日本は、「大東亜戦争」の間もずっと同じアジアの中国と戦争を続けています。つまり、日本が「大東亜戦争」で戦った相手、それは欧米諸国であり、同時に中国もふくめたアジアの人びとなのです。

さて、ここまで百田氏の大東亜戦争・大東亜共栄圏の見方に関わって、その判断の前提となる史実を確かめてきましたが、いよいよ締めくくりです。大東亜共栄圏は本当に「欧米諸国をアジアから排斥し、」アジア諸国の「共存共栄を図る政策だった」のでしょうか。そして、「大東亜戦争」は侵略戦争というのは誤りなのでしょうか。これらについて、以下の項目に沿って考えていきたいと思います。

東条英機首相の演説

「帝国は今や国家の総力を挙げて…大東亜共栄圏建設の大事業に邁進しているのであります。…今回新たに建設に参加せんとする地域たるや、資源極めて豊富なるにもかかわらず、最近百年の間米英両国等の極めて苛烈なる搾取をうけ…たる地域であります。帝国がこの地域を加えて…大東亜永遠の平和を確立し、進んで盟邦とともに世界新秩序の建設をなさんとすることは、まさに曠古《こうこ》（昔から例のないこと）の大事業であります。」（1942（昭和17）年1月21日、帝国議会での演説　江口圭一『1941年12月8日』岩波ジュニア新書　1991年）

『1941年12月8日』（江口圭一、岩波ジュニア新書、1991年）

真珠湾攻撃からひと月余り、日本軍が香港やマニラを占領し、進撃を重ねているころ、東条首相はこのように力強く大東亜共栄圏建設の意義を語っています。百田氏はこの東条首相の演説をそのまま信じているのかもしれませんが、この内容は内外に向けたプロパガンダ（宣伝）であり、国策を正当化する建前に過ぎないものでした（それは検証のポイント②で明らかでしょう）。では、日本の本音はどこにあったのでしょうか。それはすでに開戦の2週間余り前に決定されている次の文書や、その後の御前会議での確認事項を見ればわかります。

南方占領地行政実施要領

「第一　方針

占領地に対しては差し当り軍政を実施し、治安の恢復《かいふく》（回復）、重要国防資源の急速獲得及び作戦軍の自活確保に資す。

第二　要領
一、軍政実施に当りては極力残存統治機構を利用するものとし、従来の組織および民族的慣行を尊重す。
二、作戦に支障なき限り占領軍は重要国防資源の獲得および開発を促進すべき措置を講ずるものとす。
占領地において開発または取得したる重要国防資源はこれを中央の物動計画(物資動員計画)に織り込むものとし、作戦軍の現地自活に必要なるものは右配分計画に基づきこれを現地に充当するを原則とす。

：
四、鉄道、船舶、港湾、航空、通信および郵政は占領軍においてこれを管理す。
：
七、国防資源取得と占領軍の現地自活のため民生におよぼさざるを得ざる重圧はこれを忍ばしめ、宣撫《せんぶ》上の要求は右目的に反せざる限度に止むるものとす。
八、米英蘭国人取扱は軍政実施に協力せしむる如く指導するも、これに応ぜざるものは退去その他適宜の措置を講ず。・・・原住土民に対しては皇軍に対する信倚《しんい》（信じ頼ること）観念を助長せしむる如く指導し、その独立運動は過早に誘発せしむることを避くるものとす。」
（1941（昭和16）年11月20日、大本営政府連絡会議において決定　江口圭一岩波ジュニア新書前掲書）

※宣撫…占領地区の住民に自国の本意を理解させて人心を安定させること（『広辞苑』）

この文書は日本の東南アジア占領の基本目的、基本方針を定めたもので、戦争中は極秘とされていました。

大東亜政略指導大綱

「マライ・スマトラ・ジャワ・ボルネオ・セレベスは帝国領土と決定し、重要資源の供給地として極力これが開発並びに民心把握に努む」（1943年5月31日、御前会議において決定　江口圭一岩波ブックレット前掲書）

※御前会議…天皇臨席の下での会議

東条首相は先に紹介した演説で「大東亜永遠の平和を確立し、進んで盟邦とともに世界新秩序の建設をなさん」と気炎を上げていましたが、これらの「実施要領」や「大綱」を見ると、その前後に行われていた当時の日本の最高指導者たちの会議で、演説内容とは裏腹のことが確認されていたことがわかります。すなわち、戦争遂行に必要な「重要国防資源」を占領地から「急速獲得」する、それに伴うアジア住民の重い負担は我慢させる、アジア住民が日本軍を信頼するように指導する、アジア住民が早々に独立運動を起こさないようにする、マライ、スマトラなどは独立させず、日本の国土にしてしまう、と。

「大東亜戦争」をどうとらえるか

日本近現代史の研究者の江口圭一氏は、自著のなかで以上の東条首相の演説や機密文書の内容をふまえ、「大東亜戦争」について次のように述べています。

「日本は『大東亜共栄圏』とか『アジア解放』とかの美名をかかげていました。しかしそれが本音であったのではありません。戦争の真の目的は別のところにあった。簡単にいえば、欧米列強の植民地を奪取し、日本の植民地とすることです。日本が戦争の初段階で欧米を打ち負かしたことが、東南アジアの諸民族を驚かせ、一時的に日本への幻想と期待を抱かせたのは事実です。しかしそれはすぐに幻滅と失望に変わり、さらに憎悪と反抗に転じました。

また欧米列強が日本との植民地争奪戦に疲れ、その植民地支配力が弱まったことが、戦後の東南アジア諸民族の独立達成を容易にさせる結果を招いたのも事実です。

しかしそれはあくまで結果であって、日本の意図したところではない。東南アジア、またひろく中国・朝鮮などアジアの諸国・諸民族は、日本の敗北によって、また日本にたいする抵抗を通じて、その解放・独立を実現したのであります。」（江口圭一岩波ブックレット前掲書）

「ハワイ・マレー奇襲にはじまる戦争は、大日本帝国の『自存自衛』（宣戦詔勅のことば）と『大東亜新秩序建設』を名目とし、戦略物資獲得のために、列強を追い払い、東南アジアを日本の独占的で排他的な勢力範囲に収めようとした侵略戦争であった。」（江口圭一岩波ジュニア新書

前掲書）

百田氏とは全く逆の「大東亜戦争」に対する価値判断、結論ですが、大切なことは、当時の史実をたんねんに、また多角的に見つめ、そこから事象の本質を見出すことだと思います。

（9）戦争の原因は新聞のみにあるのか

新聞は「権力の監視役」

現在の主要メディアというとインターネットやテレビなどを挙げる人が多くいます。新聞の影響力は相対的に小さくなっていますが、ネットやテレビのニュースもＮＨＫを除けば新聞社からの配信がほとんどです。

江戸時代には瓦版という新聞がありましたが、全国紙の登場は近代になってからです。近代日本は移民送りだし国としても知られていますが、世界各地に移住した人びとが自らのアイデンティティの確立のために求めたのが邦字新聞でした。

自由民権運動のときに発行された新聞もそうでしたが、新聞は「権力の監視役」としての機能を果たしてきたことも事実です。しかし、権力は政権批判を繰り返す新聞を弾圧する一方、新聞を権力内に取り入れようという、「飴と鞭」の政策を行ないます。新聞が戦争熱を煽り、日本を好戦的な国に変えていったことは歴史の大きな教訓です。こうした痛恨の思いを込めて

「(旧)新聞倫理綱領」(1946年7月23日制定・1955年5月15日補正)がつくられました。その一部を抜粋しましょう。

(旧)新聞倫理綱領

日本を民主的平和国家として再建するに当たり、新聞に課せられた使命はまことに重大である。これを最もすみやかに、かつ効果的に達成するためには、新聞は高い倫理水準を保ち、職業の権威を高め、その機能を完全に発揮しなければならない。

第1 新聞の自由 公共の利益を害するか、または法律によって禁ぜられている場合を除き、新聞は報道、評論の完全な自由を有する。禁止令そのものを批判する自由もその中に含まれる。この自由は実に人類の基本的権利としてあくまでも擁護されねばならない。(http://www.ritsumei.ac.jp/~syt01970/newpage19.html)

政府批判ができなかった

『日本国紀』によれば、日本政府は対米戦争を回避しようとしていましたが、新聞が戦争熱を煽り、日独伊三国同盟(1940年)を推進したと「主犯」にさせられます。

「しかし日本の各新聞は政府の弱腰を激しく非難した。満州事変以来、新聞では戦争を煽る記事や社説、あるいは兵士の勇ましい戦いぶりを報じる記事が紙面を賑わせていた。」(383

ページ）

これではまるで新聞に責任全てを負わせていることになります。当時の新聞は検閲を受けており、政府批判ができない状況にあったことを忘れてはなりません。新聞を好戦的にさせたのは、戦争熱を野放しにしていた政権の責任でもあります。

高校歴史教科書によれば、日独伊三国同盟は「アメリカを仮想敵国にした軍事同盟で、第二次世界大戦へのアメリカの参戦を抑止しようとしたもの」（山川出版『日本史A』２０１４年）でした。政権は政策として三国同盟をすすめたのです。

戦前だけではありません。現在の大手メディアは、政治権力に取り込まれているのではないかと感じるときが多々あります。もちろん個々の記者やディレクターは非常にいい仕事をしているのは知っています。しかし、経営者たちが権力と対峙しない無難な道を選択しようとするため、現場記者たちとの軋轢が起こっているのです。

戦前、新聞は「大本営発表」を無批判に報道し、日本がまるで勝っているかのような虚偽情報をたれ流しました。現在の新聞はさすがに明らかな虚偽情報は扱いませんが、権力を監視する重要な情報を流さず、人びとが興味を持つような他の情報を大きく扱うことで、結果的に政権批判を弱める役割を担わされることが少なくありません。

２０１７年のアメリカ映画「ペンタゴン・ペーパーズ／最高機密文書」（原題は「The Post」）は、米国防総省の最高機密文書の存在を暴露した「ワシントン・ポスト」紙のジャーナリストの実話の映画化です。政治権力との距離感をはかりかねている社主をメリル・ストリープが演じていました。監督は、スティーヴン・スピルバーグ。機密文書が世に出たことで、米国内に厭戦の空気が大きくなり、ベトナム反戦運動へとつながっていったことは良く知られています。

百田氏が新聞とともに戦争の原因としてあげるのが、アメリカのルーズベルト政権です。満州とインドシナ半島からの日本軍の撤退を求め米国務長官ハルの文書（ハル・ノート）について、百田氏は「これは日本としては絶対に呑めない条件だった。この時点で、日米開戦は不可避になったといえる」（３８４ページ）と書き、アメリカが原因で戦争が起こったかのように書くのです。

こういう他者に責任をなすりつける『日本国紀』の記述は事実に反するだけでなく、フェアでないという点で非常に問題です。

１９４０（昭和15）年6月、枢密院議長・近衛文麿は職を辞して、新体制運動の先頭に立つことを宣言しました。新体制運動とは、ドイツのナチ党やイタリアのファシスタ党を手本とした強大な力を持つ政権政党の創設を目指すものでした。既成政党は解散せざるを得なくなりました。こうして10月に大政翼賛会が結成されました。また１９４１（昭和16）年には小学校が国民学校に改められ、天皇中心の国家主義的な教育がますます推進されることになります。朝鮮や台湾などの植民地でも、日本語教育の徹底が行なわれ、朝鮮では創氏改名も強制されました。このように着々とアメリカとの戦争に向けた体制が強化されていったのです。

(10) 沖縄は「捨て石」ではないのか?

百田氏は同名の映画の原作である、小説『永遠の0』の作者であり、航空機特攻に対する知識もあるので、それらについて『日本国紀』のなかで詳論するのではないかと思っていました。しかし、特攻の記述は数行にすぎませんでした。

「昭和十九年(一九四四)十月、日本はフィリピンでアメリカ軍を迎え撃った。追い詰められた日本海軍は、人類史上初めて航空機による自爆攻撃を作戦として行なった。神風特攻隊である。神風特攻隊は最初はフィリピンでの戦いの限定的作戦だったが、予想外の戦果を挙げたことから、なし崩し的に通常作戦の中に組み入れられた。」(400ページ)

バカ爆弾「桜花」

当時軍の航空機を操縦していたなかには、訓練を受けた理系の学生たちが多くいました。飛行機を飛ばすのには、計器の知識が必要だったのです。本州最南端の鹿児島県には知覧をはじめ特攻基地が多くありましたが、調べていくと「桜花の碑」をたくさん見かけます。桜花とは、母機に吊るされたロケットのような爆弾で、人間が操縦して体当たりする世界初の特攻専用機でした。航空機のように自分の意思で帰還することもできず、突撃しかできない自殺攻撃機の桜花を、アメリカ軍は「Baka Bomb」(バカ爆弾)と日本語もまじえて呼びました。実際の戦闘では、母機がアメリカ機に撃ち落されるケースが多く、実戦には役に立ちませんでした。桜花だけではありません。海岸近くにはベニヤ板で造られた特攻用小型ボート「震洋」が配備されました。費用のかかる特攻用航空機の数が不足していた日本軍は簡単に製造できる震洋を量産し、特攻機の搭乗員を配置したのです。桜花にせよ、震洋にせよ、当時の日本軍がどれほど人間の命を粗末にしていたかを示すものといえるでしょう。

「捨て石」とされた沖縄

百田氏は沖縄戦について、とんでもない言説を『日本国紀』で展開しています。

「戦後の今日、「日本は沖縄を捨て石にした」と言う人がいるが、これは誤りだ。日本は、沖縄を守るために最後の力をふり絞って戦ったのだ。もし捨石にするつもりだったなら、飛行機も大和もガソリンも重油も本土防空および本土決戦のために温存したであろう。沖縄は不幸なことに地上戦となり、約九万四千人もの民間人が亡くなった。沖縄出身の兵士は二万八千人以上が亡くなっているが、沖縄以外の出身の兵士も約六万六千人が亡くなっている。決して沖縄を捨て石にはしていない。」（４０１ページ）

百田氏は「捨て石」の意味がまったくわかっていません。沖縄戦で特攻攻撃をしたり、日本軍がたくさん戦死したりしたので、捨て石ではないと主張しています。沖縄戦を次の本土決戦の時間稼ぎとするのが日本軍の作戦であり、勝つもりのない持久戦という意味での「捨て石」でした。特攻も大和も多数の戦死者もそのために消耗されたことになります。だから、まさに「捨て石」なのです。

中学歴史教科書（帝国書院）は、見開きで沖縄戦について詳論しています。地図や写真を多用して、沖縄戦の実相を示すとともに、ひめゆり学徒隊やガマでの集団自決、学徒隊と呼ばれた沖縄の少年兵など、具体的に記述しています。また「なぜ多くの犠牲者が出たのだろう？」という見出しと次のような文章を掲載しています。

「アメリカ軍は、沖縄中部一帯を占領し、軍事基地化しました。一方、約10万人の日本軍は4月8日、首里の北部でアメリカ軍を待ち受け、戦いが始まりました。激しい戦いの末、5月末には日本軍は戦闘能力を失い、住民が避難していた沖縄東南部に退きました。その結果、多くの住民が日本軍によって、食料をうばわれたり、砲弾のふり注ぐなか、安全な壕を追い出されて犠牲になったりしました。

6月後半、日本軍司令官は自害し、日本軍の組織的な抵抗は終わりましたが、『最後の一兵まで戦え』という命令は残っていたため住民と兵士の犠牲は増え続けました。人々は集団死に追いこまれたり、禁止された琉球方言を使用した住民が日本兵に殺害されたりすることもありました。また、八重山列島などではマラリア発生地にも移住させられたため、多くの病死者が出ました。」（『中学歴史教科書』帝国書院　２０１８年）

新田重清他『やさしくまとめた沖縄の歴史』（沖縄文化社、１９９４年）には、「この沖縄戦は約20万もの死者を出しました。そのうち県民の死者は12万人以上にものぼり、日米両軍の戦死者数を超えていました。これに飢えやマラリアなどによる死者をくわえると、県民の戦死者は15万人にも達するといわれています。このことは、住民をまきぞえにした沖縄戦の特質をよくしめしています。そのほか、日本軍による住民虐殺や、集団自決があったことも忘れてはなりません」と書かれています。

沖縄戦の教訓は、「軍は住民を守らない」ということです。守らないだけではなく、軍命による集団自決や壕からの追い出しなどもあり、「日本軍の方が怖かった」という沖縄の人たちの証言もあります。百田氏は「不幸なことに地上戦となり」と『日本国紀』に書き、戦争を天災かのように言いますが、本土決戦のための持久戦の犠牲になった沖縄は、まさに捨て石そのものだったのです。

⑾「慰安婦」の真実は消せない

消したい「慰安婦」の存在

「慰安婦」をめぐって、強制連行の有無や商行為だったか、性奴隷だったかなど様々な議論が起きています。百田氏は、「慰安婦」についてどのように書いているのでしょう。

「「慰安婦狩り」をした事実もない。」（328ページ）

「朝日新聞が生み出したもう一つの嘘は、いわゆる「朝鮮人従軍慰安婦」問題である。昭和57（1982）年、朝日新聞は吉田清治という男の衝撃的な証言記事を載せた。その内容は、吉田が軍の命令で済州島に渡り、泣き叫ぶ朝鮮人女性を木刀で脅かし、かつてのアフリカの奴隷狩りのようにトラックに無理矢理乗せて慰安婦にしたというものだった。この記事は日本中を震撼させた。以降、朝日新聞は日本軍が朝鮮人女性を強制的に慰安婦にしたという記事を執拗に書き続けた。朝日新聞は吉田証言だけでも一八回も記事にしている。（中略）吉田自身も平成8（1996）年の「週刊新潮」のインタビューで、「本に真実を書いても何の益もない」「事実を隠し、自分の主張を混ぜて書くなんていうのは、新聞だってやっている」と捏造を認めていた。」（466、467ページ）

「朝鮮人慰安婦に関しては、肯定派のジャーナリストや学者、文化人らが、「軍が強制した」という証拠を長年懸命に探し続けたが、現在に至ってもまったく出てきていない。なかには、「軍が証拠を隠滅した」と言う者もいるが、すべての証拠を完全に消し去ることなど不可能である。軍は一種の官僚機構である。仮に民間業者に命じたとしたら、議事録、命令書、予算書、報告書、名簿、受領書、請求書、領収書など、夥しい書類が必要である。もちろん双方の帳簿も大量に残っているはずだ。軍は勝手に金を動かせない。戦闘中以外はトラック一台動かすのにも、いちいち書類が必要だったのだ。当時、軍用機の搭乗員たちは、たとえ練習でも飛行記録を残す義務があった。もし軍が直接行動したなら、慰安婦を強制連行するために動いた部隊、実働人員、収容した施設、食料などを記した書類も大量にあるはずだが、それらがすべて煙のように消えてしまうことなど有り得ない。そんなことが可能なら、戦後に捕虜の処刑に関係したBC級戦犯が千人も処刑されるはずがない。ここで読者の皆さんに知っておいてもらいたいことがある。それは戦時慰安婦の大半が日本人女性だったということだ。朝鮮人女性は二割ほどだったといわれている。当時は日本も朝鮮も貧しく、親兄弟の生活のために身を売らねばならなかった女性が少なくなかった。そうした女性たちが戦時に戦地の慰安所で慰安婦として働いた。これが事実のすべてである。」（470〜471ページ）

強制連行はなかったの？

百田氏は、「『慰安婦狩り』をした事実もない」と言っています。このことについて第一次安倍内閣も、2007年3月16日に、「政府が発見した資料の中には軍や官憲によるいわゆる強制連行を直接示唆するような記述も見当たらなかった」と閣議決定しています。本当にそうでしょうか。

強制連行に百田氏らはこだわりますが、強制とはどんなことでしょう？

暴力や強迫によるもの、詐欺や甘言で騙して連れていくもの、人身売買等がそれにあたります。そして、連れていかれた先で拒否することができたのか、暴力にさらされていたのか、辞める自由はあったのか、辞められたとして無事に自分の家や故郷に戻れる状況にあったのか、ということが問題なのです。それらが保障されていなければ強制と言わざるを得ません。
「慰安婦」にされた女性たちのなかには、明らかな強制連行もありましたが、「いい仕事がある」「工場で働けばいい金になる」「親孝行できる」などと仕事の内容を明かされずに連れていかれた女性が多くいます。何処に行くかも知らされず、着いてみたら工場などではなく、軍の基地の中。あばら家のようなところに連れていかれ、そこでいきなり複数の兵士たちからレイプされます。彼女たちは、拒否することもできず、拒否すればすさまじい暴力にさらされ、逃げようとしようものなら虐待を受けました。中には殺された女性たちもいます。

このことは、多くの被害証言からも明らかになっています（アクティブ・ミュージアム「女たちの戦争と平和資料館」編『証言未来への記憶―アジア「慰安婦」証言集―南・北・在日コリア編』上・下、明石書店、2006・2010年）。

1991年から2001年まで日本の裁判所に「慰安婦」に関して10件の提訴がなされました。このうち8件の裁判で、日本軍の関与・強制性等の加害事実、元慰安婦の被害事実（慰安婦になった経緯、慰安所での強要の状態など）が認定されています。例をあげましょう。

東京高裁で中国・山西省の4人の「慰安婦」の損害賠償請求訴訟の控訴審が行われました。判決で「日本軍構成員らによって、駐屯地近くに住む中国人女性（少女も含む）を強制的に拉致・連行して強姦し、監禁状態にして連日強姦を繰り返す行為、いわゆる慰安婦状態にする事件があった。」（東京高裁　2004年12月15日）と認定しています。

朝鮮の女性たちが誘拐や人身売買で連行されたという証言もたくさんあります。

「慰安婦」の強制性に否定的な研究者・秦郁彦氏が著書『慰安婦と戦場の性』（新潮社、1999年）のなかで、「信頼性が高いと判断してえらんだ」元軍人らの証言を紹介し、3例が誘拐、1例が人身売買」と記しています。秦郁彦氏はソ連との戦争準備のための軍事演習（関東軍特殊演習）のときに、「慰安婦」を徴募する計画が立てられた時のことについても、「結果的には娼婦も含めて八千人しか集まらなかったが、これだけの数を短期間に調達するのは在来方式では無理だったから、道知事→郡守→面長（村長）のルートで割り当てを下へおろしたという。…実情はまさに『半ば勧誘、半ば強制』（金一勉『天皇の軍隊と朝鮮人慰安婦』）になったと思われる」（『昭和史の謎を追う』下、文芸春秋、1993年）と書いています。「慰安婦」の強制性を否定する立場の研究者でさえ、「勧誘」「強制」という言葉を使っているのが実態だったのです。

「慰安婦」のデマを流したのは朝日？

百田氏は「慰安婦」問題に関して、虚偽の吉田証言を朝日新聞が流したことによって、「慰安婦」の強制連行の嘘が広がっていったと主張しています。吉田清治氏が『私の戦争犯罪』（三一書房、1993年）に書いた内容は非常に衝撃的なものでした。当時、このことを報道したのは朝日新聞だけではありません。産経新聞も報道していました。しかし、まもなくその内容の信ぴょう性が問われ、1990年代に「慰安婦」問題が注目されるようになると、その証言は否定されるようになりました。内閣外政審議室が調査した結果（1992・1993年公表）にも、河野談話（1993年発表）にも吉田証言は使われていませんし、その後の研究においても多くの研究者は吉田証言を採用していません（吉見義明・川田文子編『「従軍慰安婦」をめぐる30のウソと真実』大月書店、1997年）。

朝日新聞の「慰安婦」に関する誤った報道が国際社会に広まったために日本の名誉が傷つけられたとしてアメリカのグレンデール市在住日本人の原告らが朝日新聞社に謝罪広告の掲載などを求めた裁判を起こしました。原告側は朝日新聞の記事により「日本人が20万人以上の朝鮮人女性を強制連行し、性奴隷として酷使したという風評」をアメリカの多くの人が信じ、嫌がらせなどを受けたと主張しました。しかし、2018年2月に出された東京高裁判決で「記事が、この風評を形成した主要な役割を果たしたと認めるには十分ではない」として、原告の訴えを退け、判決が確定しました。また、他にも朝日新聞の「慰安婦」報道をめぐる二つの裁判がありましたが、いずれも請求棄却の判決が確定しています。（『朝日新聞』2018年2月24日）。

朝日新聞のために「慰安婦」強制連行のデマが広がったと主張する人々（百田氏も含めて）は、吉田証言が虚偽だったことだけを自らの主張のよりどころにしています。しかし、先にあげた事実からも女性たちの強制連行や誘拐（騙したり、甘言を用いて連行すること）などがあったことは明らかです。吉田証言が虚偽であっても、「慰安婦」にさせられた被害者の状況や慰安所の実態について何ら影響を与えるものではありません。

百田氏は事あるごとに朝日新聞を攻撃してきました。朝日新聞への攻撃だけでなく、自分たちの主張に対して敵対すると思われるメディアを攻撃してきたのです。例えば、沖縄の基地問題を伝える沖縄の2紙（沖縄タイムスと琉球新報）に関しても、２０１５年6月25日に報道圧力発言を行っています。百田氏の発言を記事で紹介しましょう。

「作家の百田尚樹氏は25日、市街地に囲まれ世界一危険とされる米軍普天間飛行場の成り立ちを『もともと田んぼの中にあり、周りは何もなかった。基地の周りに行けば商売になると、みんな何十年もかかって基地の周りに住みだした』と述べ、基地の近隣住民がカネ目当てで移り住んできたとの認識を示した。

安倍晋三首相に近い自民党の若手国会議員ら約40人が、党本部で開いた憲法改正を推進する勉強会『文化芸術懇話会』で発言した。

実際には現在の普天間飛行場内に戦前、役場や小学校のほか、五つの集落が存在していた。沖縄戦で住民は土地を強制的に接収され、人口増加に伴い、基地の周辺に住まざるを得なくなった経緯がある。

勉強会は冒頭以外、非公開。関係者によると、百田氏は『基地の地主さんは年収何千万円なんですよ、みんな』と発言。『ですからその基地の地主さんが、六本木ヒルズとかに住んでいる。大金持ちなんですよ』などと持論を展開したという。

普天間飛行場の周辺住民約2千人が、米軍機の騒音で精神的苦痛を受けたと訴え、那覇地裁沖縄支部が約7億５４００万円の支払いを命じた判決に触れ、『うるさいのは分かるが、そこを選んで住んだのは誰だと言いたい』と、自己責任だとの見解を示したという。

『基地の地主は大金持ち。基地が出て行くとお金がなくなるから困る。沖縄は本当に被害者なのか』とも述べたという。

議員から沖縄の地元紙が政府に批判的だとの意見が出たのに対し、百田氏は『沖縄の二つの新聞はつぶさないといけない。あってはいけないことだが、沖縄のどこかの島が中国に取られれば目を覚ますはずだ』と主張した。

出席議員からは、安保法案を批判する報道に関し『マスコミをこらしめるには広告料収入をなくせばいい。文化人が経団連に働きかけてほしい』との声が上がったほか、『沖縄は戦後、予算漬けだ。地元紙の牙城でゆがんだ世論をどう正すか』などの批判もあった。

勉強会は自民党の木原稔青年局長が代表で、首相側近の加藤勝信官房副長官や、萩生田光一・党総裁特別補佐も参加した。」（『沖縄タイムス』２０１５年６月26日）

百田氏の発言が、根拠となるべきものもなく、思い付きと思い込みのものでしかないことは、沖縄の真実が証明しています。『日本国紀』にもほとんどと言っていいくらい出典や根拠となる資料（史料）がありません。吉田証言は確かにデマでしたが、百田氏も吉田氏に劣らず自分の妄想を流していると言えるのではないでしょうか。

「軍が強制した」という証拠はないの？

百田氏は軍が関係した書類などがないと言います。

1932(昭和7)年の第一次上海事変の時に、上海で日本軍兵士による強姦事件が多発したため、日本軍兵士の強姦防止策として慰安所の設置を急ぎました。1937(昭和12)年に日中戦争がはじまると、北支那方面軍参謀長が「慰安所の設置は喫要」(「軍人軍隊ノ対住民行為ニ関スル注意ノ件通牒」)という通知を出したこともわかっています。また、戦時中に海軍主計士官だった中曽根康弘元総理大臣は「私は苦心して、慰安所をつくってやったこともある…」と自身の手記(『終わりなき海軍』に所収、文化放送開発センター出版部、1978年)に書いているのです。

2017年2月3日に国立公文書館から内閣官房に提出された戦犯関係に関する関係文書があります。その中に、主に東南アジアで起きた日本軍による「慰安婦」の強制連行の実態が詳細に書かれています。これは日本の法務省が収集・作成した戦犯裁判関係文書で、19件182点に上るものです。その中で有名なスマラン事件の文書の一部を紹介します。

「婦女及び娘達は、自己の意志に反してスマランの遊女屋に入れられたものであり、(中略)彼女等は、如何なる条件の下にも遊女屋を出ることは許されず監禁され、(中略)『売春強制』、『被逮捕者の悪待遇』及び『強姦』という戦争犯罪を容認した。」

日本共産党の紙智子参議院議員は2017年の6月16日に、スマラン事件をはじめとしてこれらの文書から強制連行以外に考えられない証言や記述を示して国会に質問主意書を提出しました。政府は答弁書で「ご指摘のような記述がされている」と認めています。（参議院ホームページ、第196回国会（常会）（平成30年1月22日～平成30年7月22日）より）

ここで紹介した文書は日本軍の戦犯を裁くための裁判での証言記録や裁判記録です。そういう意味では、『「慰安婦」にするために女性を連行してくるように」などという公文書ではありません。（『日本人「慰安婦」の沈黙　国家に管理された性』アクティブ・ミュージアム「女たちの戦争と平和資料館」、2018年）。「強制連行せよ」というような犯罪の命令を文書として軍隊が出すとは考えられません。後で問題になるような文書は作らない場合が多く、口頭で告げられることが多かったのではないでしょうか。

戦後、日本政府は占領軍として上陸してきたアメリカ兵のための慰安施設として特殊慰安施設協会（RAA）を作りました。当時この開設を担当した警視庁経済警察部長は、実際に慰安施設づくりを命令した際に、「これは警察本来の職務とは違うので、すべて口頭の命令でやること」「書面を残すな」と念押しし、命令された係長も「売春関係はほとんど口頭の命だった」と語っていることが『敗者の贈物』（ドウス昌代、講談社、1979年）で紹介されています。このことが、「慰安婦」を連行する公文書がないことの理由を考える手がかりとなります。

敗戦時に内務官僚だった奥野誠亮元法務大臣は戦後の座談会で「公文書は焼却するとかいった事項が決定になり、これらの趣旨を陸軍は陸軍の系統を通じて下部に通知する、海軍は海軍の系統を通じて下部に通知する、内政関係は地方統監、府県知事、市町村の系統で通知するということになりました」（自治大学校史料編集室『山崎内務大臣時代を語る座談会』自治大学校、1960年）と、述べています。

森友問題にしても加計学園問題、南スーダン派兵の日報問題にしても、官僚組織は数々の公文書を改竄・隠蔽し、わからなければしらを切り通してきました。この例を見ても明らかなように、都合の悪いことは文書を作らなかったり、その文書を廃棄したりということが行われていたと考えて不思議はありません。

また、戦後に政府が命令してRAAを設置していることは、何を示しているのでしょう？同じようなことが戦争中も行われていたということです。戦争中に軍が慰安所を開設したり、監督管理していたことを政府が知らなかったはずはありません。戦後になって、米兵が乗り込んでくるにあたって、日本軍が占領地で行ったような婦女子への強姦が多発するのを恐れ、その防止のために慰安施設を開設したのです。戦後の慰安施設はまさに戦中の日本軍が行った行為を手本にして政府が設置したと言えます。

公文書がなければ、強制連行されたという犯罪は立証できないのでしょうか。近現代史研究者の関東学院大学教授・林博史氏が明快に答えを出しています。

「刑事事件において犯罪を立証するためには公文書以外のものを扱わないというのはありえない話であり、様々な文書・証言・物証などを総合して犯罪を立証するわけです。公文書がないから犯罪が無いなどと言うとすれば、世の中犯罪を立証することができなくなります。

（2017年6月20日、「慰安婦」問題解決オール連帯ネットワーク院内集会での発言から）

大半が日本人女性だったの？

日本人にも「慰安婦」にされた女性はいました。1990年代アジア各地で「慰安婦」だった被害者が名乗り出た時も、日本にも「慰安婦」はいるとわかっていたのです。しかし、残念ながら名乗り出る人はほとんどいませんでした。1937（昭和12）年の日中戦争の開戦以降、軍は慰安所設置を指示し、軍の依頼を受けた業者は「慰安婦」を外地へ送ろうとしました。その過程で、兵庫県では500名の醜業婦（当時はこのような表現で売春をする女性のことを読んでいました）を募集し、兵庫県は渡航許可を与えています（アクティブ・ミュージアム「女たちの戦争と平和資料館」前掲書）。このように日本人女性も国家ぐるみで戦地に「慰安婦」として送られていたのです。

日本人女性で、体験を語っているのは、城田すず子さん（1921年生まれ）や谷上梅子さん（1919年生まれ）などわずかに過ぎません。2人しか名乗り出ることができなかったのは、「慰安婦」という存在を否定したり、性被害者に非があるような視線を投げつけられる社会だったからではないでしょうか。被害を口にしないことが美徳のように長い間思い込まされてきたのです。日本人被害者たちが名乗りでることができなかったのは、日本社会が沈黙を強いてきたからだと言えます。

研究は進んでいるとはいえ、日本人女性の定かな数は分かっていません。百田氏が言うような大半が日本人女性だったという根拠はどこにもありません。

「慰安婦」問題の本質とは

「慰安婦」の存在を今や否定することはできません。そこで、この問題を矮小化したい人たちは「強制連行」があったかなかったかということに焦点を当て、「公文書がない」ということを理由に元「慰安婦」だった人々へのセカンドレイプとも言える主張を続けてきました。しかし、「慰安婦」問題の本質は「強制連行」があったかなかったかではありません。元外交官だった東郷和彦氏は次のように述べています。

ソウルの日本大使館前に建つ「平和の少女像」

「日本人の中で、〈強制連行〉があったか、なかったかについて繰り広げられている議論は、この問題の本質にとって、まったく無意味である。世界の大勢は誰も関心を持っていない。性、ジェンダー、女性の権利の問題について、アメリカ人はかつてとは全く違った考えになっている。慰安婦の話を聞いた時彼等が考えるのは、自分の娘が慰安婦にされていたらどう考えるか、という一点のみである。そしてゾッとする。これが問題の本質である。ましてや、慰安婦が〈甘言をもって〉つまり騙されて来たという事例があっただけで、完全にアウトである。〈強制連行〉と〈甘言で騙されて、気づいた時には逃げられない〉のと、何処が違うのか？　もしもそういう制度を、〈昔は仕方がなかった〉と言って肯定しようものなら、女性の権利に〝否定者〟となり、同盟国の担い手として受け入れることなど問題外の国ということになる。（東郷和彦『歴史認識を問い直す―靖国・慰安婦・領土問題』角川書店、２０１３年）

１９９１年に金学順ハルモニが初めて実名を出して証言してから今年で28年がたちました。長い沈黙の末にようやく話し始めた被害者たち。それでも話せなかった人たちのほうが多いのです。「慰安婦」問題は過去のことではありません。性暴力を告発する #MeToo 運動が始まり、世界中で性暴力の根絶を訴える動きが広がっています。２０１８年ノーベル平和賞に、コンゴ民主共和国で性暴力の被害者を救うために活動しているデニス・ムクウェゲ氏とイラク北部のヤズィーディー教徒で自身の性暴力体験を人々に伝える活動をしているナディア・ムラード氏が共同受賞しました。「慰安婦」被害者たちの勇気ある行動が、このような運動に繋がっていったのです。

「性暴力を許さない」という観点から、「慰安婦」問題を見つめてみてください。そうすれば、強制的に連れていかれたかどうかということがいかに些末なことかが見えてきます。被害者の立場に立って考え、「慰安婦」制度がいかに女性の人権を踏みにじり、人間としての尊厳を奪うものだったかを考えてみる必要があるでしょう。百田氏は、「慰安婦」だった被害者を今なお踏みつけ、貶めています。

⑿ 引き揚げの中で起きた女性たちの悲劇

コラムは何を語るのか

百田氏は、本文以外にコラムなどで自分がどうしても書いておきたいことを紹介しています。「日本兵は国外でも、悲惨な目に遭った。」（４１５ページ）という文章で始まるコラムで、東南アジアでの戦犯容疑で逮捕された日本兵たちが、連合国軍によってすさまじい拷問や虐待の末に、亡くなったり自決した、と書いています。勝てば官軍とばかりに、日本に対して連合国軍が非道な行為を行ったと百田氏は言いたいのでしょう。

これらの戦犯裁判の根拠になるのは日本が敗戦にあたって受け入れたポツダム宣言です。ポツダム宣言には、次のような条件がありました。無条件降伏・日本軍の武装解除と復員・連合軍による領土の占領・軍国主義の除去・民主主義の確立・平和産業の確保・戦争犯罪人の処罰などです。戦犯容疑者の処罰はこのポツダム宣言に基づいて行われたということです。百田氏が書くような事実はあったかもしれませんが、全体を見た時に東南アジアでの戦犯裁判の正当性を否定する論拠とはなりません。

シベリア抑留についても百田氏は論及していますが、その原因を白色人種の黄色人種への差別意識と緒戦での日本軍に打ち破られたことへの復讐からだとしています。

百田氏をはじめとして、日本のアジア太平洋戦争についての正当性を主張する人々は、戦犯裁判やシベリア抑留などを白色人種による黄色人種への差別意識が原因だとしてきました。日露戦争での勝利を、差別されてきた黄色人種がそれまで世界に君臨してきた白色人種に勝った画期的な出来事と主張し、大東亜共栄圏にしても、白色人種に植民地化されてきたアジアを偉大な日本が独立させるためだったと言います。

なんでも白色人種と黄色人種の対立に持ち込み、差別する白色人種と差別される黄色人種という単純な図式で歴史を読み解けるのならば、歴史研究は必要ありません。百田氏が書くような論理の展開は一見すっきりしてわかりやすく見えますが、単純化しすぎることによって、本当に見なければならない歴史の真実を見落とすことになります。

戦史・紛争史研究家の山崎雅弘氏は百田氏をはじめとして日本の加害などを否定する人々に共通することとして、「『大日本帝国』時代の日本軍や日本政府に対する批判について、まず『日本は悪くない』という結論を立てた上で、批判の内容から『反論しやすい弱点』だけを抜き出し、その一部分にのみ過剰な光を当てて『問題の核心』であるかのように印象づけた上で、そこに矢のような『反論』をぶつけて『論破』するという手法です。」（山崎雅弘『歴史戦と思想戦』集英社新書、2019年）と、百田氏らの手法を指摘しています。日本軍兵士によって、数知れぬほど多くのアジア太平洋諸地域の住民が戦闘に巻き込まれ、強制的に働かされ、略奪され、暴行され、殺害されたことに目を瞑り、日本軍兵士がいかに悲惨な目に遭ったかだけを書くのが彼のやり方なのです。

引き揚げで女性たちに何が起きたのか？

このコラムの最後につけたしのように、女性たちのことが書かれています。どのように女性たちを登場させているのか、以下に紹介します。

「満州や朝鮮半島にいた日本の民間人は、現地人に財産を奪われただけでなく、虐殺、暴行、強制連行などに遭い、祖国の地を踏めない者も少なくなかった。最も残酷な目に遭ったのは女性たちで、現地人やソ連兵らによる度重なる強姦を受けた。そのために自殺した女性が数多くいた。

戦後、朝鮮半島を経由して帰国した女性の多くが強姦によって妊娠あるいは性病感染させられており、そのために日本政府は、昭和二一年（１９４６）三月に福岡県筑紫郡二日市町（現在の筑紫野市）に二日市保養所を設置し、引き揚げ女性の堕胎手術や性病治療を行った。二日市保養所は翌年秋に閉鎖されたが、その間に、五百人以上の女性が堕胎手術を行ったといわれている。（公にできない手術のため、詳細な記録は残されていない）。なお聞き取り調査によると、女性らを強姦して妊娠させた加害者で圧倒的に多かったのは朝鮮人であった。

今日、二日市保養所の話は歴史の闇に葬り去られているが、決して忘れてはならない史実である。これもまた戦争のもう一つの顔だ。残された記録や関係者らが残した証言、文章は、時空を超えて読む者の胸を抉る。」（４１５～４１６ページ）

引き揚げの中で起きた日本の女性たちの悲劇をつづっていますが、これだけでは、実際にどのようなことがあったのか十分わかりません。悲劇の舞台となった満州について説明しましょう。

金融恐慌などが起き、不況にさらされた日本では軍部によって「満蒙は日本の生命線」といったプロパガンダが行われ、民衆の多くは日本の満州進出を期待するようになりました。1931（昭和6）年、関東軍は柳条湖付近で南満州鉄道の線路を自ら爆破し、それを中国軍の仕業として中国軍を攻撃し、戦闘を広げました。これが満州事変です。その後、日本の傀儡国として誕生した満州国に、多くの日本人が開拓団として入植していきました。満州の人々の土地を買収したり、土地から追い出したところに日本から移民して行ったのです。日本の支配も長くは続きませんでした。1945（昭和20）年8月9日、ソ連軍が国境を越えて満州に侵攻しました。関東軍はいち早く退却し、開拓団の移民たちは守る人もいない敵地の真っ只中に取り残されたのです。開拓団の人々は日本に帰ろうと思っても、容易に帰ることはできません。次々と悲劇が起きました。当時の引き揚げ者の一人で、引き揚げの途中で起きたことをつぶさに見ていた女性（当時11歳）がいます。鈴木政子さんです。彼女の著書から、女性たちに何が起きたのか見てみましょう。

「ソ連兵が来た、と分かると、子どものいない人は他人の子まで借りて抱き、つねって泣かせた。収容所は子どもの泣き声で湧きたつ。ソ連兵は泣く子を引き離してまでは連れていかない。が、こんな方法も、子どもたちが亡くなって少なくなり、長続きはしなかった。あのときは昼間だった。収容所の真ん中で、小学生二人の子を持つ母親が、みんなのいる前で犯された。見ていた人は止めに入ったが、すぐに銃を向けられ助けようもなかった。その女（ひと）はどんな気持ちだっただろう。立ち上がって身づくろいし、よろよろと入り口から外に出て行った。子どもたちは待っていたが、とうとう帰ってこなかった。が、中国と日本の国交が始まってから（1972年）、彼女は中国人との間にできた子どもをともない、山形県の実家に帰って来た。近くにはソ連抑留から帰国したもと夫と、彼女の子ども二人が住んでいる。「日本の人はだれも助けてくれなかった。中国の男性が助けてくれた。日中の関係がよくなったので、一度だけ両親に会いたかった」との言葉を残し、再び中国に帰って行った。（中略）

ゆう子も一七歳。ソ連兵の「えじき」になるには十分な年齢であった。…小柄ではあるが、髪を切り、男の子のように振るまっていた。が、長くは続かず女性と見破られ、とうとう別棟に引っぱり込まれてしまった。…連れ出される女性は、半月前に「お国のために」と中国まで来た奉仕隊の二〇歳そこそこの女性たち。「義勇軍の人の花嫁になってお国のために頑張ろう」と志を持って中国に来た花嫁たち。夫たちは根こそぎ召集されて北の守りに行ってしまった。そんな境遇の女たちであった。…ソ連兵にとっては、彼女たちは「おいしいえじき」であったはずである。」（鈴木政子『語らなかった女たち──引揚者・七〇年の歩み』本の泉社　2017年）

ゆう子は悲惨な目に遭いながらも日本に帰ることはあきらめていませんでした。ようやく、

1946年5月中旬にコロ島からの引き揚げ船に乗ることができたのです。お腹には命が宿っていました。ゆう子の目に引き揚げ船の掲示板に張ってあるチラシが留まりました。

「不幸なる御婦人方へ至急御注意!!」というものです。そこには、「生きていくために、故国へ帰るために心ならずも不法な暴力と脅迫によって身体を傷つけられたり、身体に異常を感じつつある方は、乗船している医師に打ち明け、相談するように、誰にも知られないように博多の近くの二日市保養所で健全な体に戻して故郷に送ります」ということが書かれてありました。実際に、望まぬ妊娠をし、故郷を目前にして投身自殺を図る若い女性が数多くいたのです。

引き揚げの途中で性暴力にあった女性を治療する機関は福岡県筑紫野市の二日市保養所(現・恩賜財団　済生会二日市病院)、福岡県粕屋郡志賀町の国立福岡療養所(現・国立病院機構　福岡東医療センター)、佐賀県中原町の国立佐賀療養所(現・国立病院機構　東佐賀病院)の3カ所でした。1946年3月から12月までに380人、1947年秋頃までにさらに300人近い女性が訪れたとのこと。九州大学の活動は極秘に行われていましたが、1000人くらいの女性を治療したといわれています。また中絶手術が失敗し亡くなる女性もいました。(鈴木前掲

二日市保養所跡にある水子地蔵

書）

ゆう子も、二日市保養所で手術を受け、故郷に戻ったのでした。

丁寧な聞き取り調査などによって関係者が証言をし、少しずつですが、解明されてきています。（上坪隆『水子の譜』社会思想社、1993年）

黒川村の悲劇

引き揚げの中で起きた悲劇の中には、開拓団の村を救うために団の男性たちが未婚の女性をソ連兵に差し出すことを組織的に行っていた事実もわかってきました。

岐阜県加茂郡白川町黒川（旧黒川村）には、戦争中の悲惨でやり切れない歴史が残されています。戦前、国の満州農業移民政策によって全国各地から満州へ開拓民の移民が始まりました。岐阜県の黒川の農民たちも満州へと渡っていき、開拓村を作りました。そこへ1945年8月9日にソ連軍が侵攻し、関東軍が撤退した後、開拓団には女性や子ども、老人たちが置き去りにされたのです。1946年に引き揚げが始まるまでの間、ソ連軍との戦闘、日本人に土地や家屋、財産を奪われた現地住民による襲撃などがあり、集団自決に追い込まれた開拓団もありました。当時の黒川村の開拓団があったすぐ傍でも熊本県からやってきた開拓団275名が集団自決をしています。

現地住民の襲撃から村を守るために、ソ連兵に救援を求め、襲撃を逃れた黒川開拓団の副団長は、ソ連兵に守ってもらって、食料と塩をもらえれば村は助かると考えました。そして、その見返りとして未婚の女性たちをソ連兵に捧げて、「接待」をしようとしたのです。満17歳から22歳までの約15人の女性たちに副団長や幹部は「みんなの将来は必ず責任を持つ」と必死の説得をし、女性たちも「開拓団の命運は自分たちの肩にかかっている」と自らに言いきかせ、説得に応じるよりほかはありませんでした。

団では「接待」と呼ばれましたが、毎日2～3人の女性が当番制でキャンプ地に連れていかれ、性暴力を受け続けたのです。後には開拓団の施設の建物の一室に「接待室」が設けられ、女性たちの泣き声が団の人々にも聞こえてきたと言います。そんな女性たちに対して、「接待をするのは当たり前だ」と言う団の男性もいました。「逃れようと思っても行く場所がない。いやでも団の中に置いてもらわなきゃ帰れなかった」と当時のことをふり返る女性もいます。性感染症を患い4人の女性が亡くなりました。

これのどこが、「接待」なのでしょう？　実際に「接待」と言われて、お酒の相手だと思っていた当時17歳の少女もいました。彼女が、何もわからず行ってみると、お酒を飲む場所の後ろに布団が敷かれ、そこでいきなりソ連兵に押し倒され、何もわからないまま襲われました。時には中国人の男がやってくることもあり、その時彼女は「私を売ったんだ」と団員に裏切られたと感じたそうです。

「接待」も「接待所」という言葉も、本質を隠す方便の言葉です。女性たちにとっては、集団による強姦であり、強姦所にほかなりません。

「汚れた満州帰りの娘」

引き揚げてきた女性たちに、戦後故郷の人々が投げつけた言葉です。「みんなの将来は必ず責任を持つ」という約束は果たされませんでした。心無い言葉に耐えながら暮らす日々はどんなものだったのか、想像を絶するものがあります。

沈黙を強いられた女性たち

戦後、長い間、引き揚げの中で起きた悲劇を女性たちは語りませんでした。彼女たちに沈黙を強いてきたものは何でしょう？　「村の人々を助けるため」と言い聞かせて、性暴力の苦しみに耐えてきた女性たちに対して戦後たどり着いた村はあまりにも冷たく、彼女たちは「汚れた女」という言葉を投げつけられるだけでなく、だれも彼女たちのことを気に留めたり、守ろうとはしませんでした。

「ここでは嫁には行けない」と同じ境遇の引き揚げ者と故郷を離れた女性、一生独身で通した女性、だれも自分を知らない東京へ逃げるように出た女性、家族にさえ言えない秘密を抱え、苦しみ続けた女性たち。村の人たちの記憶の中で忌むべきことは固く封印され、いつの間にか忘れられ、徐々に風化していきました。

1981年に黒川村でこの女性たちのことを残そうと、「乙女の碑」を建てる計画が持ち上がりました。しかし、「過去に触れてほしくない」「何を今さら」という被害者、「なぜこんなことを残すんだ」という遺族の声もあり、除幕式直前に碑が倒されるという事件も起きました。倒された時に欠けた部分が修復された痕が今もあります。そのため、碑の建立時にはその碑の

岐阜県黒川にある乙女の碑

いわれを示す碑文はどこにも刻まれなかったのです。

その後、黒川分村遺族会会長となった藤井宏之さんが「乙女の碑」に、詳しい説明板を残そうと取り組みます。藤井さんは「もちろん賛成した人ばかりでなく、当時の関係者に話をしても、そんな説明板を作らないでほしいという声もありました。でも、今しかないと思いました」と言います。2018年の序幕式のあと、「喉に刺さっていた棘が取れた気がする」と被害女性が言ったそうです。藤井さんは「除幕式で私はこの女性たちへの謝罪の言葉を述べました。でも、この説明板に謝罪の言葉を入れることができなかったことが残念です」と言います。証言をするようになった女性たちも遺族会の場では決してこの話は出さず、だれも触れないそうです。碑文ができた今も村の中でこの問題がタブー視されている現実があります。

「接待」という言葉を村の関係者は使います。しかし、その本質は「接待」などではなく、村が生き残るためとはいえ、組織的に女性たちを性暴力にさらした行為なのです。女性たちは被害者であり、女性を差し出した人々は性暴力をふるったソ連兵とともに加害者と言えます。

「乙女の碑」の説明板には、犠牲になった女性の「私たちがどれほど辛く悲しい思いをしたか、私らの犠牲で帰ってこれたということは覚えていて欲しい」という言葉が刻まれています。

忘れてはならない

二日市保養所で堕胎手術を受けた女性や関係者も長い間口をつぐんできました。しかし、世界的に性暴力根絶のムーブメントが広がっていく中で、徐々にですが、証言を記録した出版物やテレビドキュメンタリー（山口放送・佐々木聰ディレクター『奥底の悲しみ～戦後70年　引揚げ者の記憶』２０１６年、『記憶の澱』２０１７年）なども作られるようになりました。

百田氏は、二日市保養所の何を忘れてはならないと言っているのでしょうか。ソ連兵士や中国人や朝鮮人の非道でしょうか？　多くの婦女子が性暴力にさらされたことしょうか？　ここで、堕胎手術が行われたことでしょうか？

大陸から引き揚げてきた人々の被害は、どこに原因があると言えるのでしょう。日露戦争によって満州鉄道を譲り受け兵力を増強していった関東軍は、満州事変以降最大で70万人を超える兵力になっていました。アジア太平洋戦争の長期化で東南アジア方面に戦力が割かれるなか、兵力の現地召集を行い、補っていきます。

１９４５（昭和20）年8月9日に、満州に侵攻してきたソ連軍を目前に、司令部の移転を大本営は命じ、関東軍は後退しました。関東軍が開拓民を見捨てて逃げ出した村には、何も持たない無力な開拓民が丸裸の状態で残されたのです。自分たちが見捨てていった開拓団の村にどんなことが起きるのかを関東軍は想像できたはずです。自分たち日本軍が侵略した中国などでやったと同じように、略奪や女性への性暴力が起きることを。つまり、ソ連軍の侵攻とともに、関東軍が住民を見捨てたことこそ、開拓民の悲劇の原因なのです。沖縄戦で「軍隊は住民を守らない」という教訓が導き出されていますが、満州も同じだったのです。二日市保養所の悲劇を忘れてはならないと言う時に、その原因を作った関東軍の逃亡も問題にしなければならないのではないでしょうか。

そして看過できないのが、「聞き取り調査によると、女性らを強姦して妊娠させた加害者で圧倒的に多かったのは朝鮮人であった」という百田氏の記述です。詳細な記録がないという状況で一体どんな聞き取り調査をもとに書いているのでしょう？　また、根拠となるものは何でしょう？

百田氏の根拠は何かと探してみると、『ほんとうは、「日韓併合」が韓国を救った』『こうして捏造された韓国「千年の恨み」』（ワック）などの著作を持つ松木國俊氏が産経デジタルに書いた文章にたどり着きました。タイトルは【韓国の本性】終戦時の女性への暴虐行為　46年には1割近くが被害、自殺者も…」というものです。内容としては、二日市保養所で堕胎手術をした医療主任の橋爪将氏の1946年6月10日付の現状報告書を引用して、「日本女性に暴行を加えた者の、圧倒的多数は南北朝鮮人だった。朴槿恵大統領はこのような歴史の事実こそ直視すべきだろう。」と結んでいます。

（https://www.zakzak.co.jp/society/foreign/news/20140827/frn1408271140001-n2.htm）

松木氏は当時の記録をもとに書いているようですが、実際に1人の医療主任がすべての被害女性に聞き取れることは限りがあります。あくまでも彼の個人的な記録として聞き取った範囲で書いたものと思われます。つまり、この記録がすべての女性たちの被害状況を言い表しているかというと、歴史的に考えれば、一部の断片的な記録としてしか使えません。もちろん、引き揚げの過程で、ソ連兵のみならず中国人や満州人、朝鮮人による乱暴はなかったとは言えません。しかし、このことをもって、朝鮮人だけを断罪するには無理があります。ここまで断言するには、それなりの複数の資料が必要となってきます。それが示せないのでは、やはり信ぴょう性が問われても仕方のないことです。

百田氏は、「慰安婦」にされた女性たちに対しては強制性を否定し、貧しかった女性の身売りとして当時は当たり前だったかのように描いています。ここには、「慰安婦」にされた女性たちへの一片の温かいまなざしもありません。一方、終戦の引き揚げのなかで性暴力にさらされた女性たちのことは、「決して忘れてはならない史実」と書いています。

「慰安婦」にされた女性たちと引き揚げの中で性暴力にさらされた女性たちのどこに違いがあるのでしょう。引き揚げの女性たちはソ連兵や現地住民にレイプされたり、黒川村の女性たちのように村を救うためという名目で、開拓団の男性からソ連兵を「接待」することを強要されました。「慰安婦」は日本軍兵士を「慰安」するために、日本軍によって組織的に作られた制度です。いずれも、戦時性暴力の問題です。そして、日本が起こした無謀な侵略戦争こそがひき起こしたことなのです。

百田氏の文章からはそういった女性たちに寄り添い可哀そうだと思うような感情は感じられません。「慰安婦」の問題を薄め、責任転嫁をはかるための材料として、朝鮮人による引き揚げ女性への性暴力を持ち出しているだけなのです。百田氏が引き写したものが「慰安婦」否定論者である松木氏の文章であることが、それを表しています。

「慰安」という言葉も「接待」という言葉も、兵士（男性）たちによる性暴力の問題の本質を覆い隠し、女性たちの方から男性に奉仕をしたかのように捉えさせようという欺瞞に満ち、歴史の真実をごまかす表現です。「接待」「慰安」とは、男性たちによる性暴力の実態をカモフラージュする言葉なのです。

戦時中、男性たちによって女性たちが性暴力を強いられ、拒絶することもできず、戦後も長い沈黙を強いられました。長く苦しい重荷を下ろすかのようにとつとつと語り始めた女性たち。性暴力を受けた苦しみや悲しみ、悔しさだけでなく、その後の長きにわたる癒されることのない痛み、そして傷ついた心や体、沈黙せざるを得なかった辛さ、政府による補償も謝罪もないこと、これらのすべてを私たちは忘れてはいけないのだと思います。そして、このような悲劇が戦争のなかで起きたことだということも。

（岐阜県黒川村のことは、『岐阜新聞』２０１８年８月20日〜９月１日に12回にわたって連載された「封印された記憶　岐阜・満州黒川開拓団の悲劇」を参考にしました。）

⒀　昭和天皇に戦争責任はないのか

初めての敗北ではない

日本の敗戦について、百田氏は軍部の暴走などさまざまな要因を上げますが、よほど悔しかったようで、『日本国紀』のなかで「古代以来、一度も敗れることがなかった日本にとって初めての敗北だった。」（４０４ページ）と述べています。しかし、これは正確ではありません。

古代の白村江の戦いや、豊臣秀吉による朝鮮侵略では手痛い敗戦体験があります。百田氏自身、『日本国紀』で「六六三年、日本は百済を再興するために五千人の兵を送ったが、白村江（現在の韓国南西部の錦江河口付近）の戦いで唐・新羅連合軍に大敗を喫した」（46ページ）と書いています。この敗戦を機に百済は滅亡します。百田氏はまったく根拠を示さず『日本国紀』に「百済は日本の植民地に近い存在」（同ページ）だったと書きますが、学術的にも認められる説ではありません。

日本古代史研究の第一人者である京都大学名誉教授・上田正昭氏（故人）は、日本の建国神話と韓国の神話との類似性を指摘し、百済と日本の天皇家との血縁関係について研究しました。上田氏は『帰化人』（中公新書　１９６５）で、「帰化」は『日本書紀』の用語であり、『古事記』『風土記』では「渡来」「度来」であり、朝鮮半島から日本に移住した人びとの呼称は「帰化人」ではなく、「渡来人」とすべきであると主張しました。上田氏の研究を受け、歴史教科書はそれまでの「帰化人」をやめ「渡来人」に記述を変更していきました。

上田氏のこうした古代天皇制研究について学んでいた天皇・明仁（当時）は、日韓ワールドカップ（２００２年）について記者に聞かれ、次のように答えています。

「日本と韓国との人々の間には，古くから深い交流があったことは，『日本書紀』などに詳しく記されています。韓国から移住した人々や、招へいされた人々によって、様々な文化や技術が伝えられました。宮内庁楽部の楽師の中には、当時の移住者の子孫で、代々楽師を務め、今も折々に雅楽を演奏している人があります。こうした文化や技術が、日本の人々の熱意と韓国の人々の友好的態度によって日本にもたらされたことは、幸いなことだったと思います。日本のその後の発展に、大きく寄与したことと思っています。私自身としては、桓武天皇の生母が百済の武寧王の子孫であると、『続日本紀』に記されていることに、韓国とのゆかりを感じています。武寧王は日本との関係が深く、この時以来、日本に五経博士が代々招へいされるようになりました。また、武寧王の子、聖明王は、日本に仏教を伝えたことで知られております。

しかし、残念なことに、韓国との交流は、このような交流ばかりではありませんでした。このことを、私どもは忘れてはならないと思います。」

（宮内庁ホームページ　http://www.kunaicho.go.jp/okotoba/01/kaiken/kaiken-h13e.html）

また秀吉の朝鮮侵略（文禄・慶長の役）について、百田氏は『日本国紀』で次のように主張しています。歴史学の成果に学ぶという姿勢ではなく、自分の思いたいように思うという百田氏の立場が良く出ています。

「歴史学者の大半は、日本が人口が多く国土も広い明を征服するのは不可能で、秀吉の誇大妄想と見做しているが、私はそうは思わない。「文禄の役」「慶長の役」において、日本軍は終始、

京都市にある耳塚と市の建てた掲示板

明軍を圧倒していたし、もしかつてのモンゴル軍のように捕虜として朝鮮人を兵隊として用いれば、明を征服することは決して不可能ではなかったと考える。」（158ページ）

　秀吉軍は朝鮮侵略の時、朝鮮人の耳や鼻を削いで日本に持ち帰り、「武功」としましたが、それを供養した耳塚（京都市）には韓国からの修学旅行生の花束が途切れなく置かれています。

　他国を侵略することがどういうことなのか、侵略される側にとってそれがどういう意味を持つのかという点での想像力をまったくもたない百田氏の歴史観は、近代になっても変わることはありません。

昭和天皇の戦争責任

　さて、本章（9）では新聞に戦争責任の大半をなすりつけた『日本国紀』の問題点について指摘しましたが、大日本帝国憲法第11条で「天皇ハ陸海軍ヲ統帥ス」とされた大元帥・天皇の戦争責任についてはどう書かれているのでしょうか。

「昭和天皇は、その生涯にわたって、「君臨すれど親裁せず」という姿勢を貫いていた。「親裁」とは、君主自らが政治的な裁決を下すことである。したがって国民が選んだ内閣の決定には口を挟まないという原則を自らに課していた。それを行なえば専制君主となり、日本は立憲国ではなくなるという考えを持っていたからだ。大東亜戦争の開戦には反対だったにもかかわらず、開戦が決まった御前会議においても、内閣の決定に対しては一言も異議を唱えなかった。」（405ページ）

昭和天皇は戦争について、会議の場で作戦も含めてさまざまな質問をしていたことはよく知られています。たとえば、サイパンなどの「絶対国防圏」を失い、空襲も始まり敗戦色が濃くなった1945（昭和20）年2月14日、近衛文麿元首相は天皇への上奏文に「敗戦は遺憾ながら最早必至なりと存候」（日本の敗戦は残念だがもう間違いない）「国体の護持の建前より最も憂うるべきは敗戦よりも敗戦に伴うて起ることあるべき共産革命に御座候」（敗戦で天皇制がどうなるかよりも、敗戦後に革命がおこることを心配する）などと書きました。

昭和天皇は「もう一度、戦果を挙げてからでないとなかなか話は難しいと思う」と述べ、天皇制（国体）を守るためには戦争継続が必要であると主張します。これに対して近衛は「そういう戦果が挙がれば、誠に結構と思われますが、そういう時期がございましょうか。それも近い将来でなくてはならず、半年、一年先では役に立たぬでございましょう」（木戸日記研究会編『木戸幸一関係文書』東京大学出版会　1966年）と返答しています。近衛は戦後、GHQの戦犯指名を受け自殺しました。

近衛と昭和天皇とのやりとりについて百田氏は何も書かず、天皇が早期に敗戦を決断していたとしても、それは出来なかったと、例によって何の根拠も示さずに『日本国紀』に書きます。

「「ご聖断」が遅すぎたという声もある。しかし、仮に半年前に天皇が決断したとしても、連合国、特にアメリカ政府がそれに同意する保証はないし、日本の陸軍がそれを呑むことはなかっただろう。」（420ページ）

天皇が敗戦を決めたとしたら、空襲被害、沖縄戦や特攻などの犠牲、原子爆弾の投下はありませんでした。各地に残る軍人墓地を調べると、1945（昭和20）年3月以降に戦死した人たちが非常多いことに驚かされます。戦争が長引いたことで、アジアでも犠牲者が増え続けました。五月にドイツが降伏した後も戦争は継続されたのです。

長引いた戦争の結果、アジアと日本の人びとは多大な被害を受けました。人的被害という点ではアジアで2000万人、日本で300万人以上の人びとが亡くなったのです。まさに未曽有の戦禍でした。『日本国紀』には日本の死者については書かれてありますが、日本が侵略したアジアの人たちについての記述は見当たりません。

「日本はこの戦争で甚大な犠牲を払った。約七千三百万の人口のうち約三百十万人の尊い命が失われた（内訳は民間人が約八十万人、兵士が約二百三十万人である）。また南樺太、台湾、

朝鮮半島の領土を失い、満州、中国、東南アジアにおける、公民含めたすべての資産・施設は没収された。」（409ページ）

昭和天皇の戦争責任、すなわち戦犯として天皇を裁判にかけるのか、かけないのかについては、高度な政治的判断がなされました。アメリカは天皇制を温存・利用することで、日本統治をスムーズにすすめようとします。アメリカ以外のイギリス、ソ連、中国、オーストラリアなどの連合国からは、天皇を戦犯として訴追せよという意見も出ていました。

マッカーサーが天皇を訴追しないことを決めたのは、日本人のなかにある天皇崇拝の感情を占領政策に利用しようとしたからでした。天皇自身、戦争責任については晩年になっても気に病んでいたようで、「日本経済新聞」に次のような記事があります。

昭和天皇が85歳だった1987（昭和62）年4月に「仕事を楽にして細く長く生きても仕方がない。辛いことをみたりきいたりすることが多くなるばかり。兄弟など近親者の不幸にあい、戦争責任のことをいわれる」と漏らしたことが、元侍従の故小林忍氏の日記に記載されていることが分かった。

共同通信が22日までに、小林氏の日記を入手して判明した。日中戦争や太平洋戦争を経験した昭和天皇が晩年まで戦争責任について気に掛けていた心情が改めて浮き彫りになった。（「日本経済新聞」2018年8月23日朝刊）

昭和天皇が「戦争責任のことをいわれる」のが辛いと心情を腹心に吐露したのは、戦争責任について自覚していたからであり、責任を感じていたからにほかなりません。これはある意味では、当然の思いでもあります。

「東京裁判神話」とは何か

極東国際軍事裁判（東京裁判）は戦勝国（連合国）による国際裁判であり、判決は無効であると主張する人びとがいます。こうした主張を、ここでは「東京裁判神話」と呼びます。インドのパル判事は「国家の行為について個人の責任は問えない」とし、戦犯全員を無罪と述べました。百田氏も『日本国紀』において、同様の主張をしています。

「ただ、この裁判の判事の中で国際法の専門家でもあったインドのラダ・ビノード・パール判事は、戦勝国によって作られた事後法で裁くことは国際法に反するという理由などで、被告人全員の無罪を主張している。」（414ページ）

東京裁判は、ドイツで開廷されたニュルンベルク裁判とともに、今日の国際刑事裁判制度の起点となった裁判であり、個人の戦争責任を訴追の対象とする画期的な裁判でした。もちろん、そこには天皇を戦犯としなかったなど限界はありましたが、もともと指名リストに上がらなかった天皇は裁かれることはなかったのです。

ただ、天皇について、D・コーエン、戸谷由麻『東京裁判「神話」の解体』（ちくま新書2018年）によれば、東京裁判のウェッブ裁判長は次のように意見を述べていました。

「天皇の権限は、かれが戦争を終わらせたとき疑問の余地のないまで証明された。戦争を終わらせたときと同様、戦争を始めるにあたって、彼が演じた顕著な役割は、検察側によって導き出された否定できない証拠の対象であった。」

⒁ 靖国神社はどんな神社だったのか

戦争責任と向き合う

戦前の軍国日本を支えた神社がありました。靖国神社です。近代日本国家の戦争で亡くなった兵士たちを祀る神社であり、戦前は国家が管理していました。今は日本国憲法の定めた「政教分離」のため、一宗教法人となっています。

靖国神社は戦争と深くかかわる神社であり、靖国問題を考えていくと、戦争責任の問題といやおうなく向き合うことになります。『日本国紀』は書きます。

「今日、靖國神社の存在を認めない日本人が一部にいるが、（国家のために亡くなった人びとを追悼する施設の存続を主張した・筆者）ビッテル神父の言葉を噛みしめてもらいたいものだ。

戦後四十年経ってから、中国と韓国が、日本国首相の靖國神社参拝を非難・反対することを外交カードとし始めたが、これはあきらかに内政干渉である。情けないのは、日本国内に中国と韓国に同調するマスメディアや団体が少なくないことだ。」（417ページ）

靖国神社の歴史の説明、政教分離を定めた日本国憲法の存在、何よりもあの戦争の責任者だった昭和天皇がなぜ靖国神社に行かなくなったのかについて、まともな説明を百田氏はしません。日本には敵味方の区別なく、死者はすべて成仏するという仏教精神があるから、そういう精神を持たない他国から靖国神社を非難されたくない、と百田氏は主張するのです（百田氏による神道と仏教の意図的なすりかえについてはここでは述べません）。そこには、タリバンによるバーミヤンの仏教遺跡破壊と比肩される廃仏毀釈の嵐が吹き荒れるなかで造られた明治の国家神道や靖国神社の歴史は無視されています。

歴史と現実を見ない百田氏

明治国家による靖国神社の創建は、新政府発足早々の1869（明治2）年のことでした。その由来は、幕末維新の「志士」や戊辰戦争における新政府軍の死者のみを祀った東京招魂社にあります。旧幕府軍の死者や、後に西南戦争で新政府に対抗する西郷隆盛ら旧薩摩藩の戦死者は当然祀られていません。

日露戦争後には、祀られた人びとを「英霊」と称するようになり、靖国神社の神格化が極限にまですすみました。特攻隊員たちが「靖国で逢おう」と語り合ったのは、神格化の一つのあらわれでしょう。

昭和天皇はA級戦犯が合祀されてから、靖国神社に参拝しなくなりました。天皇・明仁は、一度も靖国神社には行きませんでした。靖国神社が戦争とつながる神社であり、参拝すれば天皇の戦争責任と直結する問題が生じるからです。

昭和天皇の弟・三笠宮は、1998年の宮中晩餐会で中国の江沢民国家主席に日中戦争について「今に至るまでなお深く気がとがめている。中国の人々に謝罪したい」と報道されています。三笠宮は『日本のあけぼの―建国と紀元をめぐって』(光文社　1959年)を編著し、戦前の紀元節の復活である「建国記念の日」にも反対しました。

天皇・明仁は、沖縄やアジア各地への「慰霊の旅」を行ない、戦争責任の問題も含めてメッセージを発信し続けてきました。こうしたなか、靖国神社トップの小堀邦夫宮司が2018年6月20日の神社内部会議(第1回教学研究委員会定例会議)において、次のような発言をしたと『週刊ポスト』(同年9月30日付)が録音内容を暴露しました。

「小堀宮司　陛下が一生懸命、慰霊の旅をすればするほど靖国神社は遠ざかっていくんだよ。そう思わん?　どこを慰霊の旅で訪れようが、そこには御霊はないだろう?　遺骨はあっても。違う?　そういうことを真剣に議論し、結論を持ち、発表をすることが重要やと言っているの。はっきり言えば、今上陛下は靖国神社を潰そうとしてるんだよ。わかるか?」

小堀宮司の言いたかったことを、少し解説しましょう。御霊（英霊の魂）は靖国神社内にあるのに、アジア各地の戦場に天皇が行って慰霊をするのは、靖國神社の教学に反します。まして や天皇は日本人以外のアジアの人びとへの慰霊の意志を示しています。こんなことをされたら、英霊を祀る靖国神社の存在意義が失われると、小堀宮司は述べたのです。「靖国神社を潰そうとしてるんだ」という発言は、ある意味では本音でもあったのでしょう。

慌てた靖国神社側は、同年10月10日付で報道機関に「靖國神社宮司退任について」という本文4行の文書を配布しました。内容は「今般、当神社小堀宮司による会議での極めて不穏当な言葉遣いの録音内容が漏洩しました。この件に関し、宮司が直接、宮内庁に伺い陳謝するとともに、宮司退任の意向をお伝えしました。尚、後任宮司につきましては10月26日の総代会にて正式に決定した後、改めてお知らせいたします。以上」となっています。

小堀宮司が事実上解任された前年、江戸幕府徳川将軍家の末裔である徳川康久靖国神社宮司は、共同通信のインタビューに対し、「文明開化という言葉があるが、明治維新前は文明がない遅れた国だったという認識は間違いだ」「江戸時代はハイテクで、エコでもあった」「幕府軍や会津軍も日本のことを考えていた。ただ、価値観が違って戦争になってしまった。向こう（明治政府軍）が錦の御旗（みはた）を掲げたことで、こちら（幕府軍）が賊軍になった」と答えました。徳川宮司発言は、「静岡新聞」や「中国新聞」など地方紙に掲載され、靖国神社批判と受け止められ、神社側が批判。徳川宮司は退任しました。

百田氏は「「死者を鞭打たない」日本人特有の心理」（418ページ）もあげ、中国や韓国からの靖国神社批判に抗議しますが、靖国神社の歴史と現実を見ない空虚な内容になっています。

(15) 戦後の平和運動をどうみるか

「教え子を再び戦場に送るな」

近代日本の起こした侵略戦争と国内弾圧体制を支持する百田氏は『日本国紀』において、この本で言いたかったことをこう要約しています。

「…戦後の日本は、共産主義者たちの一種の「実験場」にされたようにも見える。中国共産党が延安で成功させた日本人捕虜への洗脳を、日本国民全体に施し、さらに日本国憲法によって再軍備を禁じ、公職追放によって地位を得た共産主義者とそのシンパがGHQ路線を堅持していった。

その結果、日本人に過剰に自己を否定させ、いわゆる自虐史観が蔓延し、「愛国心」まで捨てさせた。そして、後の「河野談話」「村山談話」のような、中国、韓国の反日プロパガンダに容易に乗せられてしまう結果を招いた。共産主義者に影響されたGHQの占領政策は、その後の壮大な「歴史戦」の端緒となった。」(432ページ)

まったくの暴論ですが、一つひとつ丁寧に批判していきましょう。百田氏にとって日本の侵略戦争について知ることは、「洗脳」となり、「自虐史観」につながるものとされます。

ポツダム宣言に基づくGHQの指令は、日本から軍国主義を取り除き、民主主義をすすめるものでした。後述しますが、のちにアメリカが占領政策を転換させ、レッドパージなど共産党員とそのシンパを大弾圧したことを百田氏は語ろうとしません。

「「教職追放」は大学だけでなく、高校、中学、小学校でも行われた。最終的に自主的な退職も含めて約十二万人もの教職員が教育現場から去った。その多くが愛国心を隠さなかったり、保守的な考え方を持っていたりした者で、特に戦前の師範学校出身者が多かったといわれている。」(428ページ)

「神国日本」の洗脳教育をしたのが、戦前の学校教育でした。国家・天皇のために死ぬのは誉であると教師たちは教えたのです。教え子たちは戦場で若い命を散らせました。心ある教職員は、戦争の実相を知るなかで自らの戦争加担・戦争責任について自問することになります。1951年、教職員組合を結成した教師たちは「教え子を再び戦場に送るな」というスローガンを採択します。このスローガンとともに、今に伝えられる詩があります。

戦死せる教え児よ　　竹本源治

逝いて還らぬ教え児よ
私の手は血まみれだ
君を縊ったその綱の
端を私は持っていた
しかも人の子の師の名において
嗚呼！
「お互いにだまされていた」の言訳が
なんでできよう
慚愧、悔恨、懺悔を重ねても
それがなんの償いになろう
逝った君はもう還らない
今ぞ私は
汚濁の手をすすぎ
涙をはらって君の墓標に誓う
「繰り返さぬぞ絶対に！」
（1952年1月30日）

日本の民主化政策の転換

『日本国紀』の記述を続けましょう。

「GHQが次に行なったのが「公職追放」（公職に関する就職禁止、退職等に関する勅令）である。GHQにとって好ましからざる人物と判断した人たちを様々な職場から追放したのだ。対象者は、「戦犯」や「職業軍人」など七項目に該当する人物だったが、GHQが気に入らない人物は、それだけでも追放処分となった。」（428〜9ページ）

「GHQの公職追放はその後も財界、教育界、言論界と広い範囲で行なわれ、その数は約二十万六千人に及んだが、追放を担当したG2（参謀第二部）だけで、それだけの人数を処理できるはずはない。追放に協力した日本人が多数いたのは間違いなく、彼らの多くは共産党員ならびにシンパであったといわれている。」（430ページ）

「共産党員ならびにシンパ」が公職追放に協力したというとんでもない話を根拠も示さず「いわれている」と書く百田氏は、公職追放の事実そのものも歪めています。GHQは戦時中に戦争推進のリーダーとなった人びとに対する公職追放とともに、昭和天皇に自分は神の子孫ではないという「人間宣言」を出させます。特高警察関係者のように公職追放をまぬかれた人たちや、アメリカに戦時中の情報提供を行い、追放にならなかった軍関係者もいました。

GHQは治安維持法を廃止し、政治活動の自由を認めました。また満20歳以上の男女に選挙権を認めました。戦前に弾圧されていた日本共産党が再建され、また日本社会党、日本自由党が結成されます。

労働組合法、労働基準法も制定され、労働組合運動が再開されました。女性解放運動、部落解放運動、アイヌ解放運動など、戦時中に抑圧されていた運動も再び勢いを取り戻しました。その集大成的な役割を担ったのが、日本国憲法の公布や教育の民主化、財閥解体、農地改革などでした。

日本の民主化を進めていたアメリカの占領政策の転換は、1949年の中華人民共和国の成立が契機となりました。翌年には、朝鮮戦争が始まり、アメリカは日本の民主勢力への弾圧と、日本の再軍備、戦犯の公職復帰などへ占領政策の舵を切りました。

1950年6月、マッカーサーは日本共産党幹部を公職追放し、機関紙「アカハタ」を発行停止処分とします。公職追放は幹部だけではなく、「日本共産党とその支持者」に及び、約1万人が失職しました。これをレッドパージと言います。レッドパージに反比例するかのように、戦前軍国主義推進の主要な役職を担った人びとが公職に戻ってきます。国会議員になった元特高幹部は50人を越えます（柳河瀬精『告発・戦後の特高官僚―反動潮流の源泉』（日本機関紙出版センター　2005年）。戦前満州で軍医として中国人などを人体実験に使った人びとも、大学病院などで主要なポストにつきました。

日本の平和運動の原点は、原子爆弾の投下されたヒロシマとナガサキです。日本での原爆の惨状はアメリカ軍により隠されていました。朝鮮戦争での原爆使用にマッカーサーが言及したことで、危機感をもった峠三吉は『原爆詩集』を出版し、核兵器使用に反対しました。

序

ちちをかえせ　ははをかえせ
としよりをかえせ
こどもをかえせ
わたしをかえせ　わたしにつながる
にんげんをかえせ
にんげんの　にんげんのよのあるかぎり
くずれぬへいわを
へいわをかえせ
（峠三吉『原爆詩集』より）

『日本国紀』の克服を

日本国憲法の改定をめざす安倍政権の登場に、百田氏は高揚し、『日本国紀』に次のように書いています。

「平成の半ば頃から、国民の多くが日本国憲法の矛盾に気付き始めている。平成二〇年（二〇〇八）頃から、インターネットが普及し、新聞やテレビなどオールドメディアと呼ばれる存在が影響力を急速に失いつつある。同時に「戦後利得者」といえる左翼系知識人や文化人、そして左翼野党の欺瞞が明らかになってきた。

今、彼らの嘘に気付き、ＧＨＱの洗脳から脱け出しつつある若い世代が増えている。彼らは失われた日本的なものの回復に向けて、静かに、しかし確実に動き出している。もはやその動きを止めることは誰にもできないだろう。私はそんな若者たちを見て感動している。」（５０４ページ）

アメリカのトランプ大統領をノーベル平和賞の候補に推薦する安倍政権を絶賛する百田氏は自らの言動の矛盾にすら気づいていません。超格差社会の進展のなかで、日本や世界で若者たちが女性たちが、そして高齢者たちが立ち上がっています。空虚な愛国心をもっともらしく説く『日本国紀』は、そうした人びとによってかならずや批判され克服されていくでしょう。

おわりに

自分に都合の悪い事実を見ない、見ようとしない、そして、なかったことにしようとする。そんな風潮を感じます。

２０１１年3月11日、大地震によって人間の営みが消え去り、それまで人々が住んでいた街が荒涼とした風景に変わる姿を私たちは見ました。地震が不可避の日本で原子力発電を続けることがいかに危険なことかを思い知らされたのです。事故から8年がたち、その風景が徐々に記憶のなかで風化し、故郷を失った人々のその後に対する関心も薄れている現実があります。そうやっていつしか原発の稼働を許しているのです。

その背景には、（原発事故による）「汚染水はコントロールされている」（安倍首相のＩＯＣ総会での演説、２０１３年9月7日）といった真実に基づかない言説や、自分たちに都合のいい情報だけを流し続けている人々がいることがあげられます。そして、そのようなフェイクを信じる人も少なくないのです。

『日本国紀』は、安倍政権に近い著者と出版社社長が「改憲」を目論む安倍政権を後押しするための政治的意図をもって出した本と言えます。今の時期を外してはならないという政権の取り巻きなどの「要請」と、百田氏の思い入れで付け焼刃で書いたものが『日本国紀』でしょう。稀代のストーリーテラーにとってもいささか荷が重かったのか、歴史修正主義仲間からのコピペがそこここに伺えるのは、そのせいかもしれません。

しかし、『日本国紀』がベストセラーになっている事実があります。

『『新しい歴史教科書をつくる会』が登場し、歴史学的にみて荒唐無稽な話を振りまき、出版し始めた時、こんなばからしい中身にだれも耳を傾けないだろう。相手をする値打ちもないと放置していた。それが20年たって、ここまで誤った歴史が広まっていくとは。歴史研究者として後悔をしている」と、ある歴史研究者は語りました。

書店に行くと、嫌韓嫌中本が平積みされ、ネット上では「南京大虐殺はなかった」「『慰安婦』の強制連行はなかった」「関東大震災で朝鮮人はテロを行おうとしていた」などという言説が蔓延しています。

歴史研究者にとってみれば、百田氏に見られるような歴史を歪曲改竄する勢力を相手にすることは、自身の研究にかける時間も削がれ、生産的なものではないように感じられるのでしょう。しかし、研究者が放置してきたことが、このようなとんでもない言説が広がっていくことを促してしまったのではないでしょうか。

映画監督だった伊丹万作（１９００～１９４６）は、亡くなる直前に『映画春秋』創刊号（映画春秋社、１９４６年）に「戦争責任者の問題」というエッセイを著しました。

さて、多くの人が、今度の戦争でだまされていたという。みながみな口を揃えてだまされていたという。（中略）

いくらだますものがいてもだれ一人だまされるものがなかつたとしたら今度のような戦争は成り立たなかつたにちがいないのである。

つまりだますものだけでは戦争は起らない。だますものとだまされるものとがそろわなければ戦争は起らないということになると、戦争の責任もまた（たとえ軽重の差はあるにしても）当然両方にあるものと考えるほかはないのである。

そしてだまされたものの罪は、ただ単にだまされたという事実そのものの中にあるのではなく、あんなにも造作なくだまされるほど批判力を失い、思考力を失い、信念を失い、家畜的な盲従に自己の一切をゆだねるようになってしまつていた国民全体の文化的無気力、無自覚、無反省、無責任などが悪の本体なのである。


戦後70年余りにわたる日本の平和を保障してきたものは紛れもなく憲法9条です。もちろん、日本の平和と言っても、そこに沖縄が含まれているのかと問われれば、沖縄を取り残しての平和と言わざるを得ない現実があることを忘れてはなりません。

9条の解釈は時の政権によってさまざまに変容し、9条に照らして違法ではないかと思われる安全保障関係の法律もできました。それでも「日本は戦争をしない」という根幹は堅持してきたのです。

今や、安倍政権のもとで、日本が守り続けてきた9条に手が付けられようとしています。「憲法を変えてはならない」と思う人は多く、安倍政権が目論むような改憲は容易ではありません。

だからこそ政権はメディアを懐柔し圧迫しながら、政権の意向を垂れ流させようと躍起になっています。メディアが流す情報やネット上の言説、出版物などに今後ますます政権寄りの情報や政権の意向を忖度したものが増えていく可能性が大いにあります。
歴史の真実をごまかし、自分たちに都合よくでっち上げようとする人々が私たちをどこに連れて行こうとしているのかを見極めることが、再び「だまされていた」という事態を免れることになるでしょう。この本の意義はそこにあると思っています。

人間は過去の過ちから学び取って生きてきました。再び戦争の惨禍が起きることのないようにするために、歴史の真実に目を見開き、誤った情報に惑わされない営みが必要です。二度と戦争をしない社会を共に作り上げていきましょう。

2019年6月23日　沖縄慰霊の日に

共著者を代表して　平井美津子

【参考文献一覧】

第1章
武光誠ほか監修『地図・年表・図解でみる日本の歴史　上』小学館　2012年
歴史教育者協議会編『Q&A　知っておきたい天皇のいま・むかし』学習の友社　2007年
永原慶二『皇国史観』岩波ブックレット20　1983年
歴史教育者協議会編『これならわかる天皇の歴史　Q&A』大月書店　2018年
斉加尚代　毎日放送映像取材班『教育と愛国―誰が教室を窒息させるのか』岩波書店　2019年
リヒャルト・フォン・ヴァイツゼッカー　永井清彦訳『新版　荒れ野の40年　ヴァイツゼッカー大統領ドイツ終戦40周年記念演説』岩波ブックレット767　2009年

第2章
義江明子『天武天皇と持統天皇』山川出版社　2014年
中塚明『日本人の明治観をただす』高文研　2019年
西村汎子編『戦争・暴力と女性1　戦の中の女たち』吉川弘文館　2004年
久留島紀子・長野ひろ子・長志珠絵編『歴史を読み替える　ジェンダーから見た日本史』大月書店　2015年

第3章
井上勝生『シリーズ日本近現代史①　幕末・維新』岩波新書　2006年
原田敬一『シリーズ日本近現代史③　日清・日露戦争』岩波新書　2007年
歴史教育者協議会・編『日本史・歴史教科書の争点　50問50答』国土社　2003年

中塚明『歴史の偽造をただす　戦史から消された日本軍の「朝鮮王宮占領」』高文研　1997年
由井正臣『大日本帝国の時代　日本の歴史8』岩波ジュニア新書　2000年
井口和起『シリーズ日本近代史4　朝鮮・中国と帝国日本』岩波ブックレット　1995年
加藤直樹『九月、東京の路上で　一九二三年関東大震災　ジェノサイドの残響』ころから　2014年
加藤直樹『トリック　「朝鮮人虐殺」をなかったことにしたい人たち』ころから　2019年
海野福寿『韓国併合』岩波書店　1995年
成田龍一『近現代日本史との対話　幕末・維新―戦前編』集英社新書　2019年
成田龍一『近現代日本史との対話　戦中・戦後―現在編』集英社新書　2019年
水野直樹・文京洙『在日朝鮮人　歴史と現在』岩波新書　2015年
瀬戸内寂聴『余白の春』岩波現代文庫　2019年
金子文子『何が私をこうさせたか　―獄中手記』岩波文庫　2017年
『週刊金曜日』2018年12月7日1212号
藤原彰『シリーズ昭和史5　新版　南京大虐殺』岩波ブックレット　1988年
藤原彰『南京の日本軍　南京大虐殺とその背景』大月書店　1998年
笠原十九司『南京事件』岩波新書　1997年
小林英夫『日本軍政下のアジア―「大東亜共栄圏」と軍票―』岩波新書　1993年
小林英夫『シリーズ昭和史7　大東亜共栄圏』岩波ブックレット　1988年
江口圭一『日本の侵略と日本人の戦争観』岩波ブックレット365　1995年
江口圭一『1941年12月8日』岩波ジュニア新書　1991年
新田重清等『やさしくまとめた沖縄の歴史』沖縄文化社　1994年

上田正昭『帰化人』中公新書　1965年
アクティブ・ミュージアム「女たちの戦争と平和資料館」（wam）編『証言未来への記憶―アジア「慰安婦」証言集―南・北・在日コリア編』上・下、明石書店　2006・2010年
秦郁彦『慰安婦と戦場の性』新潮社　1999年
吉見義明・川田文子編『「従軍慰安婦」をめぐる30のウソと真実』大月書店　1997年
第15回特別展カタログ『日本人「慰安婦」の沈黙　国家に管理された性』アクティブ・ミュージアム「女たちの戦争と平和資料館」（wam）　2018年
ドウス昌代『敗者の贈物』講談社　1979年
東郷和彦『歴史認識を問い直す―靖国、慰安婦、領土問題』角川書店　2013年
山崎雅弘『歴史戦と思想戦』集英社新書　2019年
鈴木政子『語らなかった女たち―引揚者・七〇年の歩み』本の泉社　2017年
上坪隆『水子の譜』社会思想社　1993年
木戸日記研究会編『木戸幸一関係文書』東京大学出版会　1966年
D・コーエン、戸谷由麻『東京裁判「神話」の解体』ちくま新書　2018年
柳河瀬精著『告発・戦後の特高官僚―反動潮流の源泉』日本機関紙出版センター　2005年

【著者紹介】

家長　知史（いえなが　さとし）

1954年京都市生まれ。立命館大学文学部（西洋史専攻）卒業。元京都府立高等学校社会科（地歴・公民科）教諭、元立命館大学非常勤講師、歴史教育者協議会会員。
著書に『映画でまなぶ世界史』（1994年）、『新・映画でまなぶ世界史1～2』（2003年、2009年、いずれも地歴社）、『世界史映画教室』（1997年、岩波書店）、『「永遠の0」を検証する』（共著、2015年、日本機関紙出版センター）など。

本庄　豊（ほんじょう　ゆたか）

東京都立大学経済学部卒業。専門研究は山本宣治を中心とする近代日本社会運動史。現在、立命館宇治中学校・高等学校教員、立命館大学兼任講師、京都橘大学非常勤講師、歴史教育者協議会会員。
著書に『戦争孤児』（2016年、新日本出版社）、『「明治150年」に学んではいけないこと』（2018年、日本機関紙出版センター）、『魯迅の愛した内山書店』（2014年、かもがわ出版）、『テロルの時代～山宣暗殺者黒田保久二とその黒幕』（2009年、群青社）など。

平井美津子（ひらい　みつこ）

大阪府大阪市出身。大阪府公立中学校教諭、奈良教育大学大学院教育学専修在籍、大阪大学・立命館大学非常勤講師。大阪歴史教育者協議会常任委員、子どもと教科書大阪ネット21事務局長。
著書に、『「慰安婦」問題を子どもにどう教えるか』（2017年、高文研）、『原爆孤児　「しあわせのうた」が聞こえる』（2015年、新日本出版社）、『サンフランシスコの少女像～尊厳ある未来を見つめて～』（2018年、日本機関紙出版センター）、『教育勅語と道徳教育　～なぜ今なのか～』（2017年、日本機関紙出版センター）など。

『日本国紀』をファクトチェック　史実をどう歪めているか

2019年8月15日　初版第1刷発行

著者　家長知史　本庄豊　平井美津子
発行者　坂手崇保
発行所　日本機関紙出版センター
〒553-0006　大阪市福島区吉野3-2-35
TEL 06-6465-1254　FAX 06-6465-1255
本文組版　Third
編集　丸尾忠義
印刷製本　シナノパブリッシングプレス

Printed in Japan
ISBN978-4-88900-975-0